Guillaume BIGOT,

Sr. de LA TURGÈRE.

AV ROY ET A LA ROINE.

LES Philosophes (Majestez tres-Chrestiennes) nous enseignent cest Axiome, à sçauoir que le Soleil precede lalumiere, l'eternité le temps, & l'intellect la raison. Et moy estudiant en l'escolle de Milice, pour me rendre capable de vous seruir, ie trouue que tout ainsi que le Soleil doit preceder la lumiere, qu'aussi de consequent, la science Theorique, doit deuancer la pratique des sciences desquelles nous desirons auoir la cognoissance, & principalement

ã ij

de celle de ce noble art belliqueux, qui par son excellence illustre & eternise le nom de ceux qui sont nez & nourris és Preceptes de Mars, au support de leurs Rois, & à la conseruation du public. Et en la recherche curieuse que ie fais de cest art vertueux, ie suis contraint, selon mon iugement d'en donner la gloire & l'honneur aux Romains & à leur discipline, si bien obseruee qu'elle nous doit seruir d'exemple & de fondement pour bastir nos cõbats, nos assauts, nos patiences & nos peines. Esperant toutesfois que vostre Majesté, SIRE, à l'imitation du feu Roy Henry le Grand vostre predecesseur & Pere, de qui le nom, les faicts, & la memoire, enseuelissent les Cesars, les Alexandres, & Annibals, à qui tous bons & fideles François doiuent auoir basty dans leur cœur vn temple plus perdurable mille fois que les effegies que l'on erigeoit iadis en l'honneur des Romains (qui deuenoiẽt au lieu de statuës honorables, *sepulchres de pierres, si les iugements des hommes changeoient) seruira pour l'aduenir de miroir à toutes nations, & à nous particulierement vos tres-fideles subiets & seruiteurs, qui supplions le Createur nous faire la grace de n'amoindrir la douceur de vos commandemens, par nos desobeïssances; & moy en mon particulier (*MAIESTEZ *tres-Chrestiennes) me vouloir donner le pouuoir de vous seruir, conforme à la volonté que i'en ay, qui n'ayant pas les moyens de se pouuoir faire voir à la profession que ie fais, a pris la hardiesse de se vouloir faire cognoistre à* VOVS, *en vous dediant ce petit œuure que i'ay composé dans l'oisiueté en attendant que les occasions naissent où il vous plaise m'enployer en la qualité de*

Vostre tres-humble & tres-obeyssant subjet & seruiteur.

DE VILLARS LA FAIE, Gentil-homme Bourguignon.

TABLE DES CHAPITRES CONTENVS EN CES Preceptes d'Estat.

AV LIVRE I.

AV LIVRE II.

DISCOVRS DE L'ESTAT:

Tirez des guerres anciennes pour rendre vn Estat ordonné au temps de la guerre, & de la paix. Et instruire les ieunes Caualliers à leur Art.

CHAPITRE I.

PLusieurs considerát la grandeur de la Republique Romaine ce sont trouuez confus en leur admiration, à cause de ses merueilles & prosperitez par le moyen desquelles elle se maintint si long temps en sa splendeur, & finalement fut plus fleurissante que nulle autre Monarchie : Et iceux iugeant qu'il suffisoit d'admirer les faicts heroïques de ce peuple, faicts ou en la guerre, ou en la paix, ce sont fort peu souciez d'en recher-cher les raisons, & cognoistre par la ballance de toutes leurs actions, laquelle veritablement aye merité loüange & imitation, ou blasme & mespris: Mais certainement ils ont tesmoigné n'auoir la cognoissance de l'inconstance des choses humaines, & des accidens diuers où elles sont subiectes, & pareillement en ce qu'ils n'ont sceu cognoistre la vraye reigle & methode d'ont depend la perfection de l'estat, qui ne consiste pas simplemẽt en vne grãdeur & augmentation d'Empire (lequel souuentes fois s'augmente par la voye d'iniustice) mais bien en vne iuste & droicte forme de gouuernement, laquelle estant estroictement obseruée & suyuie par les Citoyens viuãts tous en paix, vnion & concorde, se peuuent vertueusement conduire & acquerir la vraye & ciuile felicité. Partant qui voudra se laisser aueugler par la splendeur des grandeurs de Rome, iuger equitablement & sans aucune passion des actiõs de ceste Republique, la representant deuant soy despoüillee de ceste grande reputation que l'antiquité & sa puissance luy a donné, ie ne doute nullement qui ne s'en trouuent quelquesvnes dignes de l'aplaudissement & loüange que toutes les nations estrangeres publient & confessent, & qui ne s'en trouuent aussi d'autres plus remarquables pour corriger par leurs exemples les imperfections des presens gouuernemens, que pour estre imitées auec esperance de vraye loüange & euidẽte vtilité. Mais comme entre toutes les choses nulle n'est plus importante en

Les maximes de la Rep. Romaine au faict de l'estat, n'ont tousiours esté bonnes & vtiles.

Il n'y a rien si important à vn estat

que la force de gouuerner.

vne Cité que la forme du Gouuernement, de laquelle, comme de l'ame, son action s'engendre & se produit : aussi entre les considerations qui se peuuent faire de la Cité de Rome, nulle est plus vtile & necessaire qu'aller examinant par viues raisons quelle fut sa vraye forme & methode de gouuernement ; pour considerer apres si elle pouuoit estre mieux ordonnée qu'elle ne fut aux choses ciuiles, sans se desreigler aux choses militaires, & ensemblement auoir son peuple armé & obeissant aux loix.

Pour sçauoir doncques quelle fut la qualité de son Gouuernemēt, & de la comprendre & coniecturer, si en iceluy estoit ceste supréme excellence qu'aucuns ont creu & pensé, se seruāt de la reigle qu'enseigne le Philosophe disant (qu'à toutes Citez, mesme forme de Republiques

Les mesmes reigles ne cōuiēnēt pas à tous estats.

ne conuient pas, mais selon la diuersité du naturel du peuple & des autres accidens, elle doit estre diuerse.) L'on doit examiner quel estoit cest estat en soy-mesme, & puis apres quelle proportió il auoit auec ceste Cité. Mais d'autant qu'il seroit trop difficile d'enseigner quelque moyé qui conuint également en tous temps & toutes saisons, n'ayant elle mesme obserué vne mesme forme, mais bien aucunesfois chãgé, selon que plus ou moins elle tomboit en estat populaire, l'on doit considerer & prendre garde seulement au téps que l'Empire fleurit le plus, n'oubliant pour autant de toucher quelques choses des autres temps, qui à tel & semblable suject & occurrence pourront seruir. Qui voudra diligemment considerer toutes les parties de ceste Republique, il trouuera tant de contrarieté que difficilement pourat-il resoudre quelle fut sa forme de gouuernement la plus vsitée & familiere: car si l'on regarde à la grande auctorité des Consuls, principalement aux armes, l'on verra que ceste Cité souz le nom & manteau de Republique, a esté ordonnée auec loix conuenables à vn Royaume, vsant magistrallement & Imperieusement aux affaires de la guerre, aux conclusions de paix, & aux accords des differens des Roys puissants, tout ainsi cóme auroit peu faire vn Prince seul redouté de son peuple. Auquel cas elle estoit differente d'auec la Monarchie, qu'elle ne iouyssoit qu'vn peu de temps de ceste auctorité laquelle elle recognoissoit ne tenir que de la faueur & courtoisie du peuple. Mais si nous espluchons le pouuoir que le Senat auoit aux affaires les plus importantes de la

Quelle estoit l'auctorité des Consuls

En quoy differoit la Rep. de Rome d'auec la Monarchie.

Republique, cõme celuy qui gouuernoit les finãces & thresors (fondement principal de l'Estat) & qui resoluoit premierement les choses qui se deuoient proposer au peuple, nous iugerons que telle Republique auoit plus de semblance à l'estat des Ottimiens, qu'aucun autre. Neantmoins recherchant plus curieusement les autres consideratiõs & trouuant si souuent l'authorité des Consuls, & du Senat estre si mesprisée par le Tribun du peuple ; & les Magistrats mesme ordinairement baffoüez & vilipandez par le rude populaire, il conuiendra donner diuerse opinion, & estimer ce gouuernement vn estat populaire: ce qui fut cause que Polibius, au sixiesme liure de son Histoire, voulant approprier à la Cité de Rome quelque certaine forme de gouuernement, ne l'estraignist souz aucune

Comme le Senat estoit mesprisé par le peuple.

particuliere, mais le nomma Republique Mixte, meslee ou composee, comme fut celle de Sparte, laquelle opinion d'aucuns, modernes ont depuis suiuy, traittant des diuerses formes des Republiques. Et en particulier, de celle de Rome; rapportãt à ce propos ce que Polibius en a laissé par escrit. Laquelle opinion fust approuuee des vns & des autres, à sçauoir que souz vn mesme nom, les diuerses manieres par lesquelles ceste Cité se gouuernoit ne pouuoient estre comprises. Parce que, quelle autre chose est-ce qui donne la vraye forme à la Cité, que la cõmunication du gouuernement? Lequel suyuant qu'il est diuersement pris par les Citoyens, aussi fait-il du trouble à l'estat; & tel changement, que le Philosophe voulut que la Cité demeurant tousiours elle mesme, elle seule se variant, eust la force, de

La Republique Romaine a esté appellee Mixte

la changer, en sorte qu'elle ne se peu st plus appeller, elle mesme qui estoit au commencemét, parce que la qualitè du Gouuernement faict qu'elle soit telle, & non pas les murailles ny les hommes. Par ainsi pour determiner la forme d'vne Cité, il faut auoir esgard à tout ce qui sert en icelle pour le regard des Magistrats & autres parties qui ont lieu au maniement de la Repub. D'où parce qu'à Rome le chemin de l'administration estoit ouuert à toute sorte de condition de personnes, selon leurs diuerses raisons & respects, ou de la liberté, ou de la noblesse, ou des richesses, ou de la vertu, cela fait qu'on ne luy peut attribuer vne propre & particuliere forme. En quoy conuenant auec Polibius, nous chercherós ce qui est de plus difficile à cognoistre & de plus grande cósequence, c'est à sçauoir de quelle

Les Citoyés font les villes, & non les murailles.

A Rome les charges estoient communes.

ſorte eſtoit ceſte mixtion, parce que quant à ce qui eſt qu'vne Rep. meſlée puiſſe reüſſir parfaicte; ce n'eſt pour autant que de ceſte meſcolẽce, & meſlange elle ſoit produicte, ains au contraire, ou pluſieurs parties diuerſes ſont enſemble ſi bien que de leur vnion il s'en produiſe vn autre troiſieſme nature, telle compoſition accroiſtra pluſtoſt l'imperfection à l'eſtat, & occaſionnera que par vn meſlange ainſi deſreglé, il ne ce puiſſe longuement conſeruer entier & inuiolable. Comme il arriue à nos corps, leſquels eſtants compoſez de quatre elements diuers, leur vie dure & ſe conſerue tant qu'ils ſe maintiennẽt ceſte proportion, laquelle deſtruicte, demeurent gaſtez & corrompus: d'autant que ceſte partie qui ſ'eſt renduë plus forte, attire toutes les autres à ſoy & les faict changer en ſoy meſme,

Nos corps ſe conſeruent par l'intelligẽce de leurs elemens.

& dissoult par ce moyen la forme que tous ensemble ils donnoient. Ainsi pareillement ceste Republiq. laquelle est composee de diuerses parties & pollices, ce pourra conseruer en vn mesme estat tãdis qu'il y aura vn temperament comparty comme il se doit : mais si tost que quelqu'vn surpassera les autres, ce sera sa corruption & decadence. Partant il est necessaire qu'à vne telle forme de Gouuernemét il y a vne ordre, afin que ceste mixtion ne demeure confuse & esbranlee par le vent de dissention & contrarieté, afin que comme diuerses puissances forment l'homme, lors qu'elles sont si bien vnies & disposees que toutes font leurs fonctions & tiennent diuerses charges & dignitez ; ainsi diuers Citoyés tous reduits à viure ensemble en vne Cité, bien qu'ils ayent à participer en quelque partie

Qu'est ce qui conserue vn Estat lõguement?

du gouuernement, nonobstant les charges & offices doiuent estre diuersement dõnees, si bien que quelques vns tiẽnẽt le premier rãg & dõnent aux occurrences des affaires de la Republique le mouuement aux autres.

Toutes ces considerations estant appliquées à la Cité de Rome feront recognoistre clairement qu'il ny eut en icelle tant d'egalité ny bonne ordre comme il estoit requis en vne Republique mixte pour l'exẽpter de la corruption, & la faire regner longuement en son excellence & perfection, parce que l'immoderee auctorité qui estoit concedee par la loy aux magistrats, & celle qu'extraordinairement auoient les Citoyens, tesmoigne assez combien mal en icelle estoit gardee la proportion necessaire : comme aussi d'autre costé la puissance du peuple

Comme le peuple estoit admis aux charges publiques.

& la permission qu'ils auoient d'estre admis à toutes les grandes charges & dignitez, donne vn assez ample indice d'vne grande & confusse disposition, voyant les dignitez sans distinction pesle-mellees & embrouïllees, & la partie la plus vile esleuee souuentes-fois par dessus la plus digne. Laquelle confusion seruoit & introduisoit plusieurs vsances contraires & corrompuës, comme celle de prolonger le temps aux Magistrats, (chose repugnante à la grande auctorité du peuple) ou bien ceste autre, de permettre l'accroissemẽt des richesses & biens aux Citoyens, ce qui n'estoit permis par aucune loy; Lesquels desordres ne se pouuant accorder ensemble, furent cause de la dissolution de ceste Republique. Il fut au commencement soubs apparence de quelque vtilité (mais

Continuatiō des Magistrats aux charges contre la loy.

auec vn mauuais exemple) introduit de recōfirmer & continuer l'auctorité à ceux qui en estoient sortis par la prescription de la Loy, affin qu'ayans commencé de grādes entreprises aux pays loingtains & estranges, ils eussent moyen de les executer, auant qu'ils retournassent en leur Cité. Ce qui arriua à Marcus Fuluius qui combattoit en Asie contre Antiochus, auquel fut remis la charge de la Prouince apres qu'il fut sorty du Consulat, ce qui fut fait encore à Gneus Marius pour brider l'arrogance des Italiens, & acquiesser les choses de la Grece. Et finalement à plusieurs autres suyuāt les occasions & auec plus pernicieuse experience. Mais ce desordre fust encore plus grand que cela, car les Magistrats de la Cité, sans aucun besoing furent continuez si longuement en leurs charges que l'on

Marcus Iulius continué Consul.

Gneus Marius cōtinué Consul.

voyoit au tribunal du peuple les mesmes estre maintenus en leurs dignitez dix fois consecutiuement ce qui accreust vne ambition immoderee aux Citoyens, & leur donna le moyen de machiner plusieurs choses, & trauailler & brouïller l'estat de la Republique par diuerses voyes & inuentions. Ny pas moindre fut le danger de permettre l'amas de grãds biens aux personnes priuees qui esgalent desia les richesses des plus puissants Roys affermoient que personne ne se pouuoit dire riche qui ne peust auec son reuenu nourrir vne armee : ce qui fist ouurir le chemin aux Gracches d'exciter ces grands discords qui ne cesserent qu'auec la ruine de la Republique, & le tout à cause de l'enuie que la noblesse portoit au peuple. A quoy Licinius Tribun voulant remedier ordonna par vne

Ordonnãce aux Citoyẽs de ne tenir plus de cinq cens Iournaux de terre.

loy, qu'aucun Citoyẽ ne peuſt tenir plus de cinq cens Iournaux de terre, mais la debilité des ordõnances des choſes ciuiles apportoit auec ſoy ceſte imperfection, à ſçauoir *Qu'il ſe pouuoit aiſement enfraindre & violer vne loy, en introduiſant au contraire de la loy, vne mauuaiſe couſtume.* Par ainſi la nobleſſe faisãt ſi peu de cõte de la loy Licinia auoit augmẽté de beaucoup leurs facultez, & meſme par fraude & trõperie s'eſtoit acquis les terres publiques qui ſouloient ſeruir au peuple ſeulemẽt, où elle tenoit des perſõnes pour les cultiuer, tellemẽt que le peuple reduit en telle neceſſité preſtoit aiſemẽt l'aureille à la Nobleſſe, & à ceux qui leur dõnoiẽt eſperãce de remettre les choſes en vne egalité, ce qui occaſiõnoit les hõmes ſeditieux de tẽter quelque nouueauté cõme il arriua à la fin du tẽps des Gracches, auquel falut venir aux ar-

mes

mes pour deſſider les choſes ciuiles, ce qui n'euſt eſté ſans l'introduction des mauuaiſes couſtumes qui cõtrarioient entierement aux loix de ceſte cité & fauoriſoient ſeulemẽt l'auctorité du peuple. Toutes les dignités eſtoient communes à tous, & la pauureté n'en banniſſoit aucuns. Les parens ce pouuoient marier enſemblement, le droict de citoien ſe cõmuniquoit aux eſtrangers, les appellations de chaſque Magiſtrat eſtoiẽt concedées au Tribun, la forme de viure n'eſtoit pas ſeulement libre mais beaucoup licentieuſe & permiſe, & entre toutes ces choſes ce qui eſt de plus à remarquer eſt la ſupréme auctorité des Tribuns, leſquels à cauſe du grand reſpect que le peuple leur portoit eſtoient appellez Treſſaincts, ils exerçoient leurs charges ſi inſolemment, & imperieuſement qu'à grand' peine

Les Arreſts du Senat, retournoiẽt deuant le peuple.

Les Tribuns s'appelloient Treſſaincts.

vn Tiran l'auroit peu faire plus absolument : tesmoin *Marius Violanus*, homme noble qui par le commandement d'vn Tribun seul, sans la sentence du peuple fut jetté du haut du mont Tarpien en bas, sans autre occasion sinon que pource qu'il auoit vsé de quelques paroles seueres contre le peuple en vne predication & le Tribun Sulpicius vsant de plus grande violence chassa les Cõsuls, & fist defferer à Marius l'entreprise contre Mithridates.

La puissance de Tribun.

D'autres Republiques populaires ont vsé (cõme fist celle d'Athenes) pour plusieurs raisons du bannissement de la cité, pour dix-ans les citoiens qui surpassoient les autres en quelque excellente qualité, d'autres ont introduit l'esgalité des biens parmy les citoiens pour entretenir le peuple contant & satisfaict comme en Sparte, & certainement ce

Maxime d'Estat de la Republicque D'Athenes & de celle de Sparte.

sont preceptes remarquables des legislateurs qui veulent rendre vne cité libre de conceder aux Magistrats, vne auctorité limitée, & pour vn temps, afin que tous les citoiens puissent participer au gouuernemét & que personne n'en puisse dispo ser craignant qui ne le conuertisse en son vtilité. Or n'estant obseruée ceste methode de gouuernement à la Republique Romaine, ce n'est chose merueilleuse si elle ne fut de durée, par ce que la diuersité des ordonnances la rendoit comme vn corps à deux testes, qui fut la cause qu'elle fut tousiours trauaillée par les discordes domestiques, pour autát que la noblesse par le moyé de la puissance consulaire & empire souuerain, vouloit vsurper tout le gouuernement, & la populace, d'autrepart sur la confiance qu'elle auoit au Tribunat estoit tellement inso-

Quelle chose fit choir la Republique Romaine.

lente qu'elle ne vouloit recognoiſtre aucune obeïſſance, ny vſer d'aucun reſpect enuers les loix & le Magiſtrat, ains ſeulement ce vouloit conformer à ſa volonté.

Ce qui rendoit ceſte cité floriſſante aux affaires de la guerre, & fort debile aux choſes ciuiles parce que ceſte diuiſion de diuerſes volontés affoibliſſoit grandement les forces de la cité, & empeſchoit les deliberations, & executions des choſes importantes parce que bien ſouuent comme il failloit leuer des armées pour combatte l'effort des ennemis les tribuns qui ne cherchoiẽt que le ſoulagement du peuple & ce faire reſpecter par la nobleſſe, ne vouloient conſentir à la milice; les nobles d'autre coſté non moins curieux d'accroiſtre leur auctorité pour repouſſer l'inſolence du peuple recherchoient tous les moyens

Contrarieté parmy la nobleſſe & le peuple.

qu'ils pouuoient pour la tenir subjecte, foible, & oppressée. Et par ainsi deffendoient en leurs iugements ceux de leur ordre; tellement qu'aux iugements des delicts ils auoient plus d'esgard à la qualité de la personne qu'à la faute, d'où sont enfantés tant de malheurs & corruptions de iustice qui ont ruiné ceste Rep. Ce qui nous apprend combien mal furent distribuées les charges & dignitez en ce gouuernemēt meslé, & comme plus clairement encore vous le pouuez voir, comparant ceste Rep. auec celle de Sparte, laquelle en tel gouuernement mixte & composé reuscit sur toutes autres tres-excellante, & ce conserua long-temps deliurée de toute dissention, par la vertu de ses loix.

Comme la Iustice doit estre sans respect.

Comme la Republique de Sparte se conserua.

En Sparte le regne du Roy estoit perpetuel sa vie durant, à fin qu'ayāt faict les loix, il les fist mieux obseruer, sans auoir crainte d'estre desmis de son magistrat & iugé & condamné puis apres par le peuple, mais toutesfois son auctorité estoit reduicte à tel limite, qu'il estoit plustost protecteur & conseruateur de la commune liberté de la cité, que vray Prince. Il fut doncques permis au peuple d'eslire & corriger les Magistrats, mais d'autant que le senat estoit comme vn (*medium*) pour d'effendre la Rep. de la puissance des Roys & de l'insolence du peuple, il luy fut cõcedé vne beaucoup plus grande auctorité, à fin qu'auec icelle l'vne & l'autre partie ce peut temperer.

Le pouuoir du Senat, & du peuple à la Republique de Sparte.

Or il se voit comme en l'vnion de ces trois gouuernemens, certaitaines coustumes estoient incerées propres à chascun d'iceux, mais non si grandes que les rendant de qualité cõtraires en tout, elles ne se peussent bien vnir en vn mesme subiect: Parce que le Royaume auoit la perpetuité de l'empire, mais cela corrigé par les loix, en sorte qu'il ce pouuoit appliquer aux autres estats. Le Senat d'autant qu'il estoit composé de quarante huit hommes des premiers de la cité, representoit vne vraye Rep. des Ottimsens, mais d'autant qu'ils recognoissoient la dignité du peuple, leur puissance n'estoit pas telle qu'elle leuat aux autres la iouïssance de la douce liberté; mais l'auctorité du peuple de dispenser & exépter des peines celuy qui les meritoit, rendoit ce gouuernement par la mescolance des trois le pl⁹ parfaict. quãt au gouuernemẽt de la Rep. de Sparte & des choses remarquables qui s'y voyoiẽt, il y auoit vne merueilleuse proportiõ au departement de ces choses, par le moyen desquelles les citoyens venoient à

De combien estoit composé le Senat.

s'alumer du feu de ces dissentions & discordes ciuiles : car les nobles pour le faict des honneurs, charges, & dignites, en possedoient la plus grande partie, & le peuple demeuroit esgal en biens & richesses auec eux & par ainsi l'ambition des vns restoit assouuie, & la necessité des autres contentée, ce qui les faisoit gouster plus longuement le doux fruict de la paix que nul autre Rep.

Que c'est qui maintenoit la Republique de Sparte plus que les autres.

Les Consuls de Rome auoient vne grande auctorité & peut estre plus grande qu'elle ne deuoit estre concedée à vn tel Magistrat, mais à cause qu'elle ne duroit qu'vn peu de temps, elle n'apportoit grand proffit à la Rep. parce que l'esgard qu'ils auoient à la demissiõ de leur charge, les rendoit poltrons & craintifs aux administratiõs des charges publicques estans subiects de respondre deuant le Tribun du peuple des in-

L'auctorité consulaire n'estoit de durée.

iures particulieres qu'ils auoient faictes. Ainsi arriua à il Ciceron, lequel ayant exempté & deliuré sa patrie de la coniuration de Catilina, apres auoir esté depossedé de sa charge fut enuoyé en exil par le pouuoir du peuple qui s'estoit tellement licentié contre le souuerain Magistrat des Consuls qu'il chassa Camillus Consul de son siege, ce que la foiblesse & peu de pouuoir du Senat enfanta, auec plusieurs autres desordres & accidens pernicieux comme l'vsurpation des plus dignes charges de la Republicque par le peuple & l'esgalité d'entre la noblesse & luy au fait de la liberté où il vouloit sans esgard d'autres considerations estre esgallement participant du gouuernement, d'où restoit cõfuse la vraye disposition, & creation des charges & honneurs de la cité, laquelle demande la proportion geometrique

Banissement de Ciceron.

La proportiõ geometrique est requise aux distributions des

charges & nõ aritmeti-que.

& non arithmeticque à fin que les mesmes choses ne soyent concedées à tous, mais à chacun ce qui luy conuient le mieux. Euitant par ce moyen la dissonance des tons qui arriueroit comme l'on l'a veuë arriuer à la Republique de Rome à laquelle pour auoir mal obserué ceste iuste proportion, l'on a veu auenir tant de changement.

Flateurs populairs sont pernicieux.

Il y auoit de surplus à la ville de Rome plusieurs flatteurs populaires, lesquels comme seruiteurs de la tirannye & adherans à l'humeur du peuple alloiẽt se cõcillier les faueurs d'vn chascun pour se rende plus auctorisez & en credit: ce qui est (selon le Philosophe) vn signe manifeste que le peuple commande en telle cité, non les loix, ce qui se voit par les experiences de plusieurs, entre lesquels celui de Marius est fort à propos: Cestui-ci né de fort basse parẽté s'estant poussé dés le commencement au gouuernement de la Republique sans l'escorte & l'essort de la gloire de ses predecesseurs, ou de quelque notable action qu'il eust commis, ains seulement par la confiance qu'il auoit en la grandeur de son esprit, commença à s'acquerir du pouuoir & de la renommée cy bien qu'ayant obtenu le Tribunat du peuple il voulut abbaisser toute l'auctorité des nobles comme il fit en la publication de la loy des suffrages, menassant iusques au Consul Cotta de le faire confiner en prison s'il ne cessoit de s'y opposer, & par ainsi captiua tellement la faueur & bien-vueillance du peuple par sa hardiesse qu'il peust puis apres disposer de toute chose à sa volonté, soit à tort ou à droit & mesme en vengeance de ses ennemis comme il fit au bannissement de Metellus

Tesmoignage du credit de Marius Tribun du peuple.

Banissement de Metellus.

innocent de ſon accuſation , ou à l'augmentation de ſa fortune, dont il fut faict, contre la couſtume de la loy, Conſul contre les Cimbres: en ſomme en ce faiſant aſſigner la prouince qui eſtoit tombée à Silla. Ce qui fraya le chemin à l'immoderée puiſſance des citoiens, laquelle au comble de ſes felicités conduit celle de Rome à ſa ruine derniere. Semblablement le Senat c'eſtoit corrõpu en telle ſorte qu'au temps de la perfection du regne de ceſte Republique les Senateurs meſme eſtoient deuenus tellement mercãdãs que Iugurta ayãt corrõpu pluſieurs d'iceux & achepté leur liberté pouuoit dire auec raiſon que les Citoiẽs Romains ſe fuſſent eux meſme vẽdus & leur cité s'il ſe fut trouué vn achepteur. Et diray de plus que ceſte Republique ne ſe pouuoit dire bien ordonnée à l'eſtat popu-

Senateurs de Rome deuenus Marchands.

laire quoyqu'elle ſe fuſſe eſtudiée d'i preuoir parce que c'eſt choſe facile de regler & former vn gouuernemēt en peu de tēps, mais la ſuffiſance des loix & des legiſlateurs depend d'vne plus longue experience : par ainſi ces ordonnances par leſquelles l'auctorité du peuple s'eſtoit accruë ne ſe deuoient eſtimer vrayement populaires, mais bien celles là qui la pouuoient longuement conſeruer. Doncques ce qui ſembloit auoir eſté cōcedé à la faueur du peuple & à la conſeruation de l'Eſtat a eſté la perte de l'vn & l'autre, comme la licence de viure librement, la frequentatiō des aſſemblees, les appellations deuant les Tribuns & autres libertes qui ſeruirent de machinations de tirannie & abbolition entiere de l'eſtat. Ce qui s'eſtoit veu auparauant à Athenes. Laquelle ordonnée & reglée par Solon en vn

Cauſe de la ruine de la Republique de Rome.

Solon cauſe de la perte de la Republique d'Athenes.

estat trop populaire perdit soudainement sa liberté occupée par Pisistratus son citoien suyuãt la voye que le legistateur luy auoit donné où il attribuoit trop de pouuoir au peuple: ainsi, ce qui nous est ordonné pour nostre Salut, se conuertit souuentesfois n'estant pas bien entendu, à nostre perte. Et d'autãt que nous auons assez discouru de la forme du gouuernement, il ne sera hors de nostre propos d'examiner quelques autres moyens par lesquels l'on pourra cognoistre la perfection de chascun estat.

A quoy il faut prendre garde pour bien pollir vne cité.

Il cõuient pour ordonner vne cité & la randre bien pollicée auoir esgard à deux temps à sçauoir à celuy de la guerre & à celuy de la paix à fin que tant en l'vn qu'en l'autre l'on la puisse gouuerner par bon fondement de loix, & non par opinions & imaginations: ce à quoy il ſemble que ceſte Republique n'aye point viſé ayant ſeulement faict des inſtitutions pour les exerciſſes militaires cõme les pris qui ſe faiſoient à vertu militaire ſeulement,& non à celle de iuſtice & vie ciuile. Partant ce n'eſt pas merueille que ceſte Republique au temps de la guerre ait agrandy ſon Empire & ſa gloire, & au temps de la paix cõme vn fer enroüillé aye perdu ſon eſclat & ſon luſtre. Ce que Scipion Naſica recognoiſſant eſtre à la ville de Cartage ne voulut conſentir à ſa deſtruction diſant qu'en temps de paix elle ne ſe pouuoit conſeruer.

Et moy pour concluſion de ce diſcours ie diray que le vray but d'vne cité deſireuſe de ſa gloire & renommée doit eſtre la vertu entre les citoiens & non pas la grandeur de l'Empire comme dit le Philoſo-

La vertu des citoiens necessaire pour la conseruation d'vne cité.

phe, *Que la vraye felicité ciuile ne s'entend pas des actions externes, mais de celles qui s'exercent parmy les citoiens*, & que les Republiques ne sont plus parfaictes pour s'estre augmentées en conquestes de pays estrangers ains seulement en la vertu de leurs citoiens, car tels gouuernemens ambitieux d'augmentation d'Empire ont de coustume de ne gueres durer, qui est vne indice de leur imperfectiõ: desquelles raisons, l'on pouuoit coniecturer la fin de ceste superbe Republique oppressée soubs le fais de sa propre masure. Il se voit quel grand fruict engendra la gloire, & l'ambition des citoiens par l'exemple de Marius lequel nay tousiours dans la guerre, & les armées qui luy auoient acquis beaucoup de reputa[illegible]õ laquelle ce diminuoit au temps de la paix, eschauffa, & incita Mitridates Roy de Ponte à susciter

citer la guerre contre la Republique àfin que le temps venant qu'on euſſe à faire de ſa valeur, il retournaſſe à ſa premiere faueur. Alcibiades auſſi pour le grand deſir qu'il auoit de ſe faire renommer, fut ſeul aucteur de l'entrepriſe de la guerre contre ſa patrie par les Lacedemoniens, qui par apres la deſpouïllerét de ſa liberté. Non toutesfois que pour ces accidens il faille meſpriſer l'exercice des armes leſquelles en quelque eſtat que ce ſoit, ſont grandement neceſſaires pour ce conſeruer & deffendre des iniures de ſes voiſins. Au contraire Ariſtote reprend Platon, de ce qu'il croit qu'vne cité ne deuoit point s'armer qu'elle ne commençaſſe à deuenir imperieuſe, & fleuriſſante. Dont nous conclurons que ceſte partie jadis ſi excellante à Rome, pour n'auoir eſté obſeruée à propos comme elle deuoit luy ap-

A quoy ſeruent les citoïés inſtruits à la guerre.

porta du blasme qu'elle n'eust acquis par vne autre voye ; de maniere qu'il faut qu'à l'institution d'vne parfaicte cité, les loix, les coustumes & l'obeïssance des citoiens soyent mariés ensemble, d'autant que ceste voye est plus asseurée pour rédre les hommes vertueux, que n'est pas la crainte de la peine: car où les bónes institutions de la vie, & le bon naturel manque la seuerité & rigueur des ordonnances des Magistrats ne sont bastantes pour retenir les citoiens à la submission des loix, parce que lors l'appetit est enuieilly aux vices, il esttrop difficile à desrassiner, par quelque violéce que ce soit. Ce qu'Aristote afferme quand il dit, que les loix seruét de peu (bien que'lles soyent tres-vtiles) si les hommes dés le commencement ne sont nourris en ceste discipline, qui est conuenable à l'Estat d'vne cité, dont au huictesme des Politicques voulant enseigner comme les citoiens se doiuent rendre vertueux, proposa trois choses, adioustant à la nature, la raison, & la coustume. Mais celle icy se pourra plus estimer sur les autres, d'autant que l'inclinatiõ à la vertu ne rend pas l'homme vertueux, si par la praticque des œuures vertueuses, il ne confirme sa disposition naturelle : ny la raison seule peut regler l'appetit, mais elle a besoin de le trouuer premierement d'ompté par la bonne nourriture & education. Et tant plus que l'on recognoist ceste partie estre necessaire, tant plus descouure-on le manquement de ceste Republique, en laquelle les citoiens ne furent pas endoctrinez à l'obseruation de ces loix, coustumes, & bonne nourriture pour vne vie ciuile. D'où viẽt que leurs loix n'eurent pas si dili-

Aristote enseigne trois moyens aux citoyẽs pour se rendre vertueux.

Les loix doiuēt estre imprimees es esprits.

gente obseruation que celles de Sparte, imprimées nō en papier: mais en l'esprit de chacun par l'assiduelle coustume qu'ils en auoient, qui la fist reussir longuement par la vertu des bonnes vsances introduites par Lycurgus pour esleuer les citoiens en la vie ciuile & vertueuse.

Differēce des loix de Lycurgus, & de Numa.

Partant Plutarque, comparant Lycurgus auec Numa, prefere Lycurgus, parce qu'ayāt par bōnes coustumes maintenu les citoyés en l'obeïssance des ordonnances qu'il auoit estably à la cité fut cause qu'elles furent longuement obseruées: où Numa se contentant seulement des loix escriptes (bien qu'elles fussent bonnes, & pour la paix mesme) sans penser à la nourriture des citoiens, ne peut iamais les faire obseruer & moururent auec luy, & celles de Lycurgus conseruerent la liberté à la cité de Sparte plus longuement que ne fut aucune autre des Republiques anciennes. D'où Philopomene ayant vaincu les Lacedemoniens ne peut pourtant les ranger tout à faict soubs la Republique des Achiriens, iusques à ce qu'il eust esteint, & extirpé toutes les anciennes institutions de leurs cités par lesquelles la ieunesse estoit cy entierement adonnée à la liberté, qu'elle ne se vouloit ranger en aucune façon à la seruitude & obeïssance.

Or doncques maintenant concluons, que le gouuernement de la Republique Romaine estoit comme mixte & composé, mais neantmoins mal proportionné, & vacillant tout d'vn costé c'est à sçauoir à la corruption de l'Estat populaire inferieur à celuy de Sparte pour l'excellance du gouuernement, & des bonnes coustumes au temps de la

Si la Republique de Rome se pouuoit mieux ordóner qu'elle n'estoit.

paix, & reste maintenant à examiner l'autre partie qui fut proposée, à sçauoir si la Republique de Rome pouuoit receuoir vn autre forme d'Estat meilleure que la sienne, parce que les Polices, & ordonnances ne despendent pas ordinairement des loix du legislateur, mais de plusieurs autres accidés ensemble & plusieurs autres choses comme d'auoir esgard au naturel du peuple, auec lequel il doit auoir certaine proportion auec le gouuernement, qui faict que les Politicques disent que non seulemét le legislatur doit considerer quelle est la bonne forme de gouuernement, mais bien aussi ce qui conuient le mieux à chacune cité. Lycurgus fut estimé grád legislateur, mais plusieurs choses luy furent à souhait, pour executer ses dessains à sçauoir, premieremét qu'il estoit Roy, & qu'il se seruoit dés le commencement de la force

Que c'est qui seruit à Lycurgue pour faire

comme il estoit necessaire pour introduire telle forme de gouuernement par laquelle l'insolence du peuple estoit retenuë & bridée, Secondement qu'il s'accreust l'auctorité du Senat, qui luy seruit grandement, à son desir. Ce que les autres legislateurs bien qu'ils fussent fort aduisés ne peurent iamais faire, par ce qu'ils ne trouuerent pas vn subject apte, & capable de receuoir vne telle forme, d'autant qu'ils mancquerét de ceste auctorité, & puissance qui estoit requise pour telles choses. Ce qui empescha que Solon ne peut introduire vn semblable gouuernement à Athenes parce qu'il estoit luy-mesme citoien priué, esleué par la noblesse & consentement du peuple, pour la reformation de la cité, ausquels par obligation il deuoit apporter du contentemét, & rechercher les moyens

obseruer ses loix.

Pourquoy Solon ne fut tãt obey que Lycurgus.

de leur complaire, ce qui amoindrisſoit fort l'honneur , & reuerance qu'on deuoit à ſes loix, ſi bien que plusieurs le blaſmant luy & ſes ſtatuts, publiquement le contraignirét de ſe bannir luy-meſme de ſa patrie; ioint qu'il trouua la cité diuiſée, & le peuple accouſtumé à la iouïſſance de la liberté, & irrité cõtre la nobleſſe pour les trop grandes vſures deſquelles il eſtoit oppreſſé ; tellement qui luy eſtoit neceſſaire de le deſbrouïller de ſes grãdes debtes & oppreſſions, & le faire participant du gouuernement , ce qui ne ce pouuoit faire ſans l'iniure de la nobleſſe.

Comme de tout temps le peuple Romain a eſté puiſſant.

Mais qui regardera le commencement de la naiſſance de la Republique de Rome, il cognoiſtra que l'auctorité du peuple creuſt auec elle & augmenta ſelon ſon augmentation, tellement que non ſeulement depuis le bannissement de Tarquinius, elle fut en ce pouuoir, mais bien encore lors qu'elle estoit soubs l'Empire du Roy qui tesmoignoit que ceste Cité estoit plus en forme deRepublique que d'vn vray regne. Puis que depuis la mort de Romulus, le peuple se sentantpuissant, & auoir les armes en main, & se voir fondatur de ceste Cité, s'usurpa déslors le pouuoir d'eslire les Roys, lesquels pour se voir confirmer en leur Royaume, applaudissoient tousiours aux volontés populaires, luy concedant plusieurs choses importantes comme de se retenir les appellations dessoubs le gouuernementReal, cóme il appert par le faict d'Horatius, lequel cõdãné par leMagistrat à cause de la mort de sa sœur, ayãt appellé par deuãt le peuple fut absoubs & renuoyé. Et à sa faueur, encore la Cité fut diuisée en centuries, chose importante au populaire auec le grand nombre des Citoyens qui arriuoit iusque à cent trente mille le tout à son aduantage: car le nombre des senateurs que Romulus institua estoit si petit qu'il n'arriua iamais qu'à deux cents hómes iusque à ce que la Cité fusse en liberté, & par ainsi au temps qu'elle fut en liberté les nobles ne furent pas suffisans pour former vn estat des Otimiens qui fut la cause que Publius valerius, & Brutus, & Collatinus Tarquinius, furent contrains en leur Consulat, de ioindre leurs loix, & volontés auec celles du peuple comme il appert par les appellations du Magistrat, & des Consuls pardeuant le peuple, par la peine capitale constituée contre ceux qui sans l'auctorité du peuple entroient en quelque auctorité de Magistrat, par la petite peine qui estoit enjoincte à ceux qui auroient mesprisé les cõmandemens du Magistrat, qui n'estoit que de payer cinq bœufs, & deux cheures.

Peine porter entre ceux qui offensoiẽt le Magistrat.

Et outre tout ce que dessus, le mesme Valerius fit plusieurs choses à la faueur populaire qui luy donnerent le nom de Publicolla: D'icy faut noter que pour reformer vn estat il conuient s'accommoder à la necessité, & à la vicissitude des temps, par ce que ce legislateur n'estoit pas Prince, & occupoit seulement ceste dignité pour vn temps, laquelle n'estoit encore qu'vn bien peu recogneuë, & estimée, qui l'empeschoit d'vser de la force pour retirer la cité de l'estat populaire cõme il estoit requis, trouuant vn peuple disposé à la façon susdicte partant le nõbre de dix, fut puis apres institué pour de nouueau reformer

Decemuirs instituez à Rome.

la Republique, duquel l'auctorité estoit bien plus grande que des Consuls, desquels il ny auoit point d'appellation deuant le peuple: & si Appius par son ambition n'eust ruyné ceste affaire, peut estre que ceste Republique se fust reduite à quelque meilleur estat, non pourtant guiere plus parfaict estant chose trop difficile de bien ordonner vne cité, qui de long-temps estoit trop corrompuë, ce qui apporta auec soy tous les desordres, & seditions qui accompagnerent ceste Republique iusque à la fin: car cela est ordinaire que celuy qui s'est vne fois fouruoye de son chemin tant plus qu'il pésse s'aduancer d'autant plus se destourne-il, & d'autãt que ceste Republique fut née auec ces infirmités, par ainsi la vertu d'vn seul citoyen n'estoit pas bastãte pour l'en pouuoir deliurer comme il arriue à nos corps lesquels estant contrariez dés leur naissance par la disposition de quelques mauuaises humeurs, sont corrompus, & esteins sans que la vertu naturelle (bien qu'elle soit forte) y puisse remedier.

Quel succez les affaires Romaines eussent eu, si Alexandre le Grand les eust entre-pris auec son armee.

CHAPITRE II.

En plusieurs choses la Republique de Rome a esté re putée la plus heureuse de tous les Potentas, de maniere qu'à iuste occasion le sage peut dire que la fortune pour l'ordinaire ennemye de la vertu, auoit faict

Prouerbe.

trefue auec elle pour exalter ceste cité, & l'esleuer au sommet de la grandeur, & felicité. Ce qui se voit par le bon-heur qu'elle eust d'estre exemptée des mains d'Alexandre le Grand, lequel apres auoir combatu & vaincu Darius, & subiugué la Perse, & autres nations ne se resolut de dresser ses desseins vers l'Europe, & l'Italie plustost que du costé de l'Orient côme il fit, ou bien apres auoir executé de si Signalées entreprises, & heroïques faicts en Arabie retournant encore tout ieune aux Indes, il ne luy fut donné & octroyé plus de vie pour se pouuoir rendre maistre du reste du monde. C'est chose certainement remarquable à ce propos de iuger si Alexandre le Grand où par la faueur du temps & de la saison, ou poussé de quelque desir fusse venu en Italie, quel succés eussent eu les affaires des Romains.

Les Romains exemptez des mains d'Alexandre par bon-heur.

Ce doubte fut proposé par Tite-Liue au liure neufiesme, premiere Decade de son histoire où il discourt de ce qui fusse arriué si les Capitaines Romains eussent eu à combattre contre Alexandre, où il dict sans examiner les opiniõs contraires aux siénes, que les armees Romaines cõbattant auec celles d'Alexandre se- roient demeurees victorieuses. Laquelle opinion peut estre disputée par plusieurs argumens contraires & par plusieurs choses que Tite Liue mesme racompte de ces Romains.

Opinion de Tite Liue touchant le succez des affaires Romaines & d'Alexandre.

Or pour cognoistre les choses futures rien ne nous peut plus seruir que la consideration des choses passees qui nous feront iuger le succez de celles qui fussẽt arriuées. Representons nous doncques quels estoient les faicts d'Alexandre en ces temps-là & les forces de l'vn & de l'autre, & nous verrõs ce que la ver-

Le futur se peut iuger par le passé.

tu des vns, & des autres nous pouuoit promettre quand ils en fussent venus à la preuue.

Les entreprises d'Alexandre ont esté assez renommées, & magnifestes à tout le monde puis qu'elles ont lassé tant d'Historiens à les racópter, & Plutarque mesme qui nous a despeinct par sõ pinceau, la verité des vies des plus illustres & fameus Capitaines qui ayẽt esté, en la preface de celle d'Alexandre s'excuse (ce qui ne faict aux autres) s'il ne peut dignement, & suffisamment despeindre ses faicts, à cause du trop grand nõbre d'iceux. Mais les entreprises des Romains de ce temps là ne furent pas beaucoup renommées ny par leur reputation comme celles qui du depuis s'ensuyuirent, qui surpasserent toutes celles de quelque Potantat qui aye esté: tellement que la renommée qui importe beaucoup

Excuse de Pluta. de ce qu'il ne peut exprimer les faicts d'Alexandre.

à nos

à nos actions, & principalement de la guerre, fut sans parangon plus grande en Alexandre, qu'aux Romains qui estoient du temps que la grandeur de la Republique de Rome prenoit sa naissance, & principes : mais entrons en quelque autre plus grande, & plus particuliere consideration.

La Republique de ce temps là ne c'estoit eslargie plus auant que l'Ombrie, la Lacie, & parmy vn peuple voisin des Volsque. Ses armées n'estoient encore sorties hors l'Italie, ce qu'elles ne firent auant la guerre des Carthaginois, d'où il est aisé à voir que ses forces estoient encore foibles, & debilles, & non pas accoustumées aux grandes factiõs de la guerre comme du depuis elles furent : mais il me semble qu'en ce temps là l'on deuoit mieux loüer la grande vertu des Capitaines

Romains, & les Couſtumes de la cité qui n'eſtoient encore corrompuës, que leur valeur & generoſité qu'ils ont depuis acquis aux exploicts de la guerre, laquelle jaçoit qu'elle fuſſe grande, manquoit neantmoins d'occaſió pour l'exercer, & tous les fameux Capitaines, leſquels Tite Liue exalte iuſques au Ciel, & faict entrer en cóparaiſon auec Alex. comme *Fabius Maximus*, *Vallerius*, *Coruinus*, *Lucius Papirius*, *Titus Manlius*, & *Torquatus*, & autres de ce meſme temps là en quelles entrepriſes s'exercerent ils? La guerre ſe faiſoit encore comme ſur les portes de leur ville, & leurs dictateurs & Conſuls n'auoient cóbattu que contre leurs voiſins, qui n'eſtoient que fort foibles communautés, qui n'eſtendoient leur domaine plus auant que leurs portes, & neantmoins les paroles de

La preudhomie plus louable que la valleur.

Tite Liue, veullent persuader vne esgalité entre les forces de ceste Republique, & celles d'Alexandre le grand, qui de ce temps là ne trouuoient point de resistance. Car qui estoit celuy qui s'estoit trouué en plus de batailles que luy? qui s'estoit rédu plus hardy aux entreprises? & plus constant à les poursuyure, & les conduire à leur fin? quel autre Capitaine fut plus estimé ne plus aymé des soldats & plus jaloux de la gloire, & de l'honneur de l'Empire? tellemét que toutes ces vertus qui se sont trouuees diuisées à plusieurs Capitaines qui par la moindre d'icelles se rendoient recommádables, ont esté toutes vnies en luy.

La force de la Republique Romaine du temps d'Alex. estoit foible.

Et ne luy peut-on obiecter chose aucune, sinon qu'il se fusse estonné de passer en Italie à cause des deserts d'Arabie, & des voyages des pays incongnus sans auoir autre

Le passage d'Italie cõmode à Alex.

esperance d'en pouuoir retirer son armee que celle que son courrage, & son esprit luy donnoit, car autrement l'entrée dans l'Italie, luy estoit facile, ayant à sa deuotion la Grece desia subiuguée par son pere Philippe, & les volontez de ce peuple qui eust beaucoup mieux aymé sa subiectir soubs l'obeïssance d'vn grand Prince tel qu'il estoit, que soubs le pouuoir d'vne cité auec laquelle il auoit des anciennes cõtentions à desbrouiller, comme les Sienois & autres firent à Pirrus le requerãt de son secours contre leur pays propre.

Pyrrus appellé aux secours des Senois.

Doncques il ne reste plus à considerer que la difference qu'il y auoit entre la milice d'Alexãdre le Grãd, & celle des Romains, par où nous verrons l'aduantage de l'vn, & le desaduantage de l'autre, & par ainsi celuy qui eust peu esperer la victoire: laquelle despendant du plus grand nombre des combatás pouuoit estre adiugée à l'armée d'Alexandre qui comme beaucoup plus puissant qu'vne seule cité pouuoit armer beaucoup plus qu'vne cité tant peuplee, & belliqueuse peut-elle estre; cóme estoit celle de Rome. Quant à l'excellence de sa discipline militaire; tant de batailles qu'il a rendu, en peuuent donner tesmoinage auec la conquéste de tant de cités par luy vaincuës, les long voyages accomplis par son labeur, & le perpetuel exercice de la guerre où il auoit esté nourry dés son berceau sans discontinuatió desquelles choses l'on peut coniecturer qu'il ne se pouuoit trouuer aucune armée de ce temps là plus experimentée en toute faction, plus obeïssante à son Capitaine, ny plus curieuse d'obseruer les ordonnances militaires que celle que conduisoit

L'Armee d'Alexandre bien ordõnee.

Alexandre.

Quec'est que falange de soldats.

De qui nous retenons encore aujourd'huy l'inuention du Falange, ou meslée de Soldats lesquels vnis & couuerts de rondaches faisoient vne monstre esclatante, & de si grãde apparãce qu'ils sembloiẽt biẽ plus forts qu'ils n'estoient: mais Tite Liue soustenant tousiours les Romains les aduantage pour le conseil par dessus Alexandre, disant qu'il ny auoit point d'apparence que le cõseil d'vn Senat tel qu'estoit celuy de Rome ne surpassast celuy d'vn seul: à quoy il s'est peu tromper: car aux choses importantes, & principalement de la guerre, la supresme auctorité, & puissance d'vn seul est plus requise, & plus necessaire que celle d'vn general. Ce que les Romains mesme confessent par la creation d'vn dictateur qu'ils establirẽt pour le salut de la Republique, auquel l'on recouroit, aux affaires dif-

Le conseil de plusieurs meilleur que celuy d'vn seul.

Aux choses de la guerre le conseil d'vn seul est expedient.

ficiles pour y estre ordonné subitement comme en vn estat de Monarchie, & puissance absoluë d'vn seul tel qu'estoit celuy d'Alexandre, auquel l'on ne vit iamais arriuer ce qui estoit ordinaire à Rome, à sçauoir que lors qu'il failloit enuoyer vn supplemēt de soldats à la guerre, les Tribuns, y apportoient des controuerses, & empeschements pour euiter la despence, & les frais que le peuple deuoit supporter, luy seul, ce qui n'arriua iamais à Alexandre, lequel ne se seruoit que de son auctorité; encore que le conseil de quelques-vns de ses confederez, & amateurs de son bien ne luy manquoit lors qu'il s'en vouloit seruir, mais plus clairemēt encore pourra on voir quel succez eussent eu les affaires des Romains, contre Alexandre, considerant & rapportant les choses passees auec les futures.

Quel estoit le deuoir du dictateur.

Combiẽ dura la guerre de Cartha. auec les Romains.

La guerre des Carthaginois auec les Romains dura vingt-quatre ans, & furent vaincus par lesdicts Romains, mais non pas si absolument qu'ils ne se remissent sus pied pour les trauailler de nouueau comme ils auoiẽt faict, & plus viollãmẽt: car Annibal quarante apres, reduit la Republique de Rome presque toute despouïllee de son estat, & toutesfois il ny auoit aucune comparaison entre Annibal & Alexandre, car il n'auoit ny sa fortune, ny ses forces, ny son auctorité ny mesme le chemin de la mer libre pour cõduire son armee, à cause de la Sicille, que les Romains occupoient comme l'auoit Alexandre, qui pouuoit ietter son armee par mer en Italie (comme l'on dict d'vn traict de pierre) & se faire secourir de tout ce qui luy eust esté necessaire sans crainte de ses ennemys.

Ny luy peut-on aussi reprocher ce qu'on reprochoit à Annibal, à sçauoir. *Qu'il pouuoit , & sçauoit bien , vaincre, mais non pas vser de sa victoire.* Ce qui occasionna Plutarque d'introduire Alexandre à parler de soy-mesme, disant qu'il vouloit que les loüanges que l'on luy donnoit fussent attribuées plustost au merite de sa propre vertu , qu'à la faueur de sa bonne fortune.

Annibal ne pouuoit garder sa victoire.

Le bon-heur d'Alexand. venoit de ces merites & nõ de sa fortune

Dont il faut attribuer aux bonnes fortunes, & bon-heur de la Republique de Rome le diuertissemẽt d'Alexãdre de l'Italie: car pour parler auec verité elle eust courru fortune de sa totale ruine par son arriuee, & si leurs armees se fussent rencontrees l'vne ou l'autre eusse esté pour iamais defaicte comme nous l'auons veu en ces derniers temps de ces deux grãds Capitaines Charles Quint empereur, & Sultan Solimã, lesquels fleurirent en mesme temps & en force de guerre, & en emulation, desquels nous parlerions plus amplement n'estoit que ce seroit s'eslongner vn peu trop de nostre propos, auquel ie mettré fin.

Si ce fut vn bon conseil aux Romains de reffuser le secours des Carthaginois lors qu'ils furent attaquez par Pirrus.

CHAPITRE III.

Guerre fort cruelle cõtre Pyrrus.

DE toutes les guerres que le peuple Romain a eu, nulle ne s'est veuë plus cruelle que celle qu'il eust contre Pirr⁹ Roy des Epirottes, lors qu'il passa en Italie auec vne tres-puissante armée à la faueur des Tarrentinois : car les autres guerres qu'il eust furent esmeuës, & suscitées par eux, mais celle icy vint par vn grand, & renómé Capitaine experimẽté en sõ exercice, & en l'experience des choses de leur pays mesme, & à la saison que la Republique n'estoit appuyée sur ses forces comme du depuis elle a esté.

Pendant donques ceste entreprise de Pirrus en Italie, les Carthaginois enuoyerent Magon leur Capitaine auec six-vingts maistres d'armee aux Romains pour les secourir, ce que les Romains, ne voulurent accepter ains les renuoyerent auec des remercimens, & offres de leur faueur, & assistáce en pareil subiect. Acte autant digne d'estre consideré pour le reffus des Romains, que pour l'offre des Carthaginois & duquel nous pouuons tirer de l'vtilité en pareille chose.

Offre de secours par les Cart. aux Romains.

L'offre du secours à la necessité

Acte de generosité de s'offrir à ses amis.

de celuy qui en a besoing, tesmoigne la generosité du courage de celuy qui le presente; & le reffus de celuy qui ne l'accepte s'il est faict auec modestié, & sans arrogance, n'en tesmoigne point moins par la confiance qu'il a sur soy-mesme. Mais voyons si ceste regle generale sert au particulier de nos Romains, lesquels au tẽps de leur reffus estoient conioincts d'amitié auec les Carth. auec lesquels ils auoient souuent renouuellé la confederation, qui les obligeoit de s'offrir à leurs amis en leur besoing, & necessité enquoy s'il eussent manqué ils eussent creu faire bresche à leur reputation, dont ils ont merité vne tres grande loüãge, jaçoit que peut estre il y fussent poussez par quelque autre consideration ou par crainte. Car la renõmée du Roy Pirrus, & de sa valeur estoit si grãde de ce temps là qu'elle le rendit desireux & ambitieux de conduire & mener ses desseins apres auoir vaincu les Romains iusques en Sicile, & en Affrique: ce qui pouuoit occasionner les Carthaginois de rechercher par leurs finesses les moyens de s'exempter de venir aux preuues tant de leurs armees, que de leur fortune auec vn tel Prince, ne pouuant trouuer vn plus propre expedient pour ce faire, que d'entrenir Pyrrus en Italie auec le secours qu'ils offroient aux Romains plus salutaire pour eux que pour leurs voisins, lesquels encores qu'ils fussent de soy assez puissans redoubloient bien leurs forces, par l'vniõ de celles des Cathaginois, & se rendoient capables de soutenir les entreprises de Pyrrus, & de son armee, lequel s'estant proposé auec obstination d'augmenter sa fortune, & d'acumuller sa gloire & Empire, ne se fusse iamais desparty de ceste guerre d'Italie que victorieux ou vaincu.

Quel subiect fit s'offrir les Carth. aux Romains.

Si doncques Pyrrus, ayant surmonté les Romains abandonnez, & delaissez des Carthaginois eusse passé suyuant son dessein en Sicille pour trauailler les affaires des Carthaginois quel secours eussent ils peu esperer des Romains les ayant laissez, & oubliez en leur grande necessité, & foibles par les pertes qu'ils auroiẽt faict par le moyen de Pyrrus? Ou ayant obligé les Romains par leur secours ils esperoient la mesme courtoisie d'eux, au cas ariuant que Pyrrus lassé de tenter sa fortune en Italie, tournasse teste contre eux: Dont il est aisé à voir que le secours des Carthaginois combatoit autãt pour leur regard particulier, que pour le salut des Romains. Et quãt bien-ils eussent creu asseurement que la puissance des Romains eust esté bastante pour soustenir les efforts de Pyrrus ce ne laissoiēt-ils pourtant de se preualloir de ceste occasiō pour obliger les Romains qui dés lors estoient puissans, & desireux de s'accroistre leur Empire, de ne l'estendre, & l'elargir de leur costé, ains de les conseruer pour amis.

Et quelle amitié peut estre plus ferme, & immuable que celle qui se lie par le lien des benefices? Puis que celuy qui les reçoit est obligé naturellement de flechir son courage pour aymer celuy qui les luy a faicts, Grāde estoit de ce tēps là, la necessité dés Romains, lesquels n'auoient iamais soustenuë vne force redoubtable cōme celle de Pyrrus, & par ainsi grande estoit l'occasion qui s'offroit aux Carthaginois pour se ioindre d'amitié, & confederation auec eux. *Occasiō prise aux cheueux par les Carth.*

Mais au contraire l'on peut dire que

Comme l'offre du secours des Carth. aux Romains leur pouuoit nuire.

le vouloir & desir des Carthaginois de secourir les Romains, estoit vouloir faire les guerres d'autruy, les siennes propres: car si les affaires de la guerre fussét succedées heureusement à Pyrrus (comme les effects de tels accidens sont incertains) que restoit-il au Carthaginois que la perte du plus grand nerf de la guerre, & de leurs forces, qu'ils auoient enuoyé au secours des Romains? lesquelles perdues ne se pouuoient plus deffendre ny en Sicille, ny sur les mers d'Affrique. Et pourquoy deuoient-ils plustost redoubter la grandeur de Pyrrus, que celle des Romains? Pyrrus auoit son Royaume plus eslongné, & plus incommode pour offenser les Carthaginois, que les Romains, ce n'estoit qu'vn homme seul valeureux, neãtmoins subiect à plusieurs changemens, & accidens humains comme luy

La mort de Pyrrus.

luy arriua estant tué par le ject d'vne pierre qu'vne vieille luy jecta, mais la Republique de Rome abondoit en Capitaines genereux, & se conseruoit tousiours elle-mesme: tellement que ses voisins la deuoiét plus redoubter que nul autre potétat, parce qu'elle les pouuoit plus incómoder que nulle autre: ce que les Carthaginois ne faisoiét pas l'assistant contre Pyrrus, à quoy il n'estoient obligez que par courtoisie, mais bien plustost à laisser entretenir la guerre long-temps auec eux pour abbattre totallemét leurs forces, & d'estourner l'ambition qu'ils auoient, de dominer tout le monde. Car peu de temps apres la guerre finie auec Pirrus succeda celle contre les Carthaginois, par ce que les Romains apres la victoire qu'ils eurent contre Pirrus, ne trouuant en Italie aucune resistance, commēce-

Guerre des Romains auec les Carth.

rent auec leurs forces & courage, de s'eslargir aux autres prouinces, & passerent en Sicile à la supplication des Mammertins, comme Pirrus, auoit faict en Italie à la suscitation des Tarentinois. Retournons au faict des Romains, & voyons si leur conseil a esté bon & vtile d'auoir refusé l'aide, & secours qu'on leur auoit porté iusque à leurs portes: la guerre que Pirrus auoit denõcée à la Republique de Rome se deuoit estimer grande & difficile, ce faisant auec vn prince fort belliqueux, & Martial, assisté & suiuy de personnes fort disciplinez à l'exercice militaire qui par leur seule reputation auoient reduit plusieurs cités d'Italie, de maniere qu'en vn si grand danger, où il aloit du reste des affaires Romaines, la trop grande confiance sur soy mesme, & sur ses forces, comme aussi de penser plustost à sa gloire qu'en son salut sembloit estre temairité, & presomption & non profitable conseil ; neantmoins d'vn autre costé il semble qu'il y alloit de la generosité des courages Romains, de se pouuoir redimer de ceste guerre, & ne l'auoir voulu faire lors que Pirrus enuoya ses ambassadeurs trouuer le Senat, leur dire qu'il estoit venu pour pacifier les differéces qu'ils auoiét auec les Tarrentinois: ausquels la Rep. respódit qu'elle ne l'auoit choisi pour leur arbitre, ny ne le craignoit cóme ennemy, & que s'il vouloit traicter amiablement, & paisiblement, qu'il seroit ouy. Ces Romains auoient vne grande confiance sur leur forces, & sur les soldats fort esprouuez en leur valeur, & iugeoiét que par l'aide & secours des estrangers le nõbre de leur armee pouuoit croistre, mais nó pas que pour cela ils en

Temairité aux Romain de reffuser le secours de Carth.

Note ceste responce.

fussent plus puissants pour resister à leurs ennemis.

Car souuent ou la diuersité des resolutions des Princes, ou les volontez des Capitaines bien peu semblable, ou les coustumes contraires, ou la diuerse discipline des soldats causent plusieurs desordres à l'administratiõ de la guerre, lesquelles n'ont point de lieu où vn seul Capitaine commande. Partant par plusieurs autresfois les Romains ont recusé le secours estranger comme ils firent en la guerre contre Antiocus, lequel ils subiuguerẽt auec leurs seules forces : ce qui faisoit que les Romains mesprisoiẽt le secours de leurs voisins, & prnicipalement de ceux de Carthage, ausquels il ne se pouuoient reffier à cause de leur souueraineté en l'Affricque. En Espaigne, & en la plus grande partie de la Sicile, & qu'ils les croioient

Cause des desordres de la guerre.

deſireux d'y ioindre l'Italie, & tant plus les apparences exterieures eſtoiẽt grãdes, tãt plus dõnoient elles de ſoupçon aux Romains, & de ſubiect de croire qu'elles ne venoiẽt d'vn cœur candide & affectionné: mais bien curieux de leur ſeul proffit: eſperant qu'entretenant la guerre longuement en Italie, ils renderoiẽt les forces tellemẽt affoiblies, & debilitees, qu'ils n'auroiẽt de lõg temps crainte ny de Pirrus ny des Romains. Mais le conſeil des Romains, d'auoir refuſé l'aide des Carthaginois teſmoigna leur magnanimité encore qu'il ſemble que ceſte reſolution leur apportoit quelque preiudice, non tant pour les choſes preſentes, que pour les futures. Et veritablemẽt l'on cogneut biẽ que pour vaincre Pirrus la generoſité du courage de Fabricius ny fut pas moins vtile que la diſcipline militaire de Vallerius Coruinus, & des autres Romains qui combattirent auec luy.

Si les Romains ſe fuſſent ſeruys du ſecours des Carthaginois, leur gloire en euſt eſté amoindrie, & s'ils euſſent eſté vaincus, leur honte bien plus grande & vergogneuſe: de ſorte que leur conſeil ne fut que tres-vtile, & expedient pour leur gloire & profit, tant preſent qu'aduenir de reffuſer le ſecours de ces perſonnes, de leur conſeruation que de celle des Romains.

Lequel de ces deux fameux Capitaines Romains, Fabius Maximus, & Scipion l'Affricain, fut plus vtile à la Republique Romaine.

CHAPITRE IV.

FAbius Maximus, & Scipion l'Affricain Issus de bonne famile Romaine, vertueusement esleués fleurirent en mesme temps, lors que leur Republique estoit grandement vexée par les Carthaginois, où ils furẽt employés pour exercer leur vertu au seruice de ladite Republique, & s'acquerir vn nombre infiny de loüanges, estant esgaux en zele, & desir enuers le bien public & charité enuers leur patrie, en force de courage, & de cognoissance des choses militaires: *Fab. & Scipion affectionez à leur Republique.*

mais disegaux, & dissemblables aux executions de leurs desseins, & aux occasions de les signaler.

Actes de Fab. & de Scipion.

Fabius conduit les armees par l'Italie contre Annibal, pour le salut de la cité de Rome, Scipion combatit en Affricque contre le mesme Annibal pour la gloire, & grandeur de Rome desia deliurée de tant de dangers où les Carthaginois l'auoiét mise. Celuy cy au plus triste temps des affaires des Romains leur donna secours & releua leur fortune presque tombée en decadence, l'autre non seulement auec la deconfitte de plusieurs Capitaines Carthaginois, & d'Annibal mesme, remit les Romains en toute seureté, mais encore rangea soubs leur obeïssance toute l'Affricque. Fabius conserua l'Italie de la seruitude des estranges nations où elle tomboit sans son conseil & moyen, estant desia les plus principales Cités asseruies à la deuotió d'Annibal:mais Scipion eslargit grandement les confins de la Republique, & fit que par la valeur des Italiens, les Affricains vaincus se soubmirent à l'Empire Romain. Fabius aymoit la constance & la grauité, & suyuoit les conseils plus tardifs, mais plus asseurez. Scipion mesurant toutes les choses auec la grandeur de ses conceptiós embrassoit volontiers nouuelles entreprises, & rien de ce qui luy pouuoit apporter grande gloire & renommée, luy sembloit estre difficile. Fabius craingnoit Annibal par prudence & non par lascheté de courage. Scipion en la confiance qu'il auoit de soy mesme, de sa valeur & de son armée le mesprisoit: par ainsi Fabius mit fin à son entreprise auec celle d'Annibal, mais Scipion comme tenant la victoire toute asseurée recusa tout l'aduãta-

Tardiueté de Fab.

Promptitude de Scipion.

Hardiesse de Scipion.

ge qui luy fut proposé par les Carthaginois, & voulut s'enrichir d'hóneur, & de gloire à la bataille tres-renommée de Zama, où se deuoit decider entre les deux nations la souuerainete de l'Empire, & vrayement il semble que la fortune du peuple Romain fisse naistre en ce temps là des hommes admirables en prouesse : mais differens en pensées, & inuentiós toutes accommodées au profit, & vtilité de ceste Republique; parce que l'vn ayant vaincu l'acerbite de la fortune, & l'insolence des ennemis par patience, la restablit exempte des dangers qui la suiuoient : & l'autre par sa hardiesse trouuant la Republique desia desueloppée des mains de ses ennemis, sçachant mieux vser de son heureux sort que n'auoit fait Annibal, luy accreust vne merueilleuse puissance, ainsi les actions, & les œuures de l'vn, & de l'autre meritent d'estre cōsiderées : Celles de Fabius furent dressees pour le salut de sa patrie exposée aux vents de sa perte, & racheptée par son conseil plustost que par sa puissance : mais l'Affricain se proposa de luy augmenter, & son bien, & son honneur; d'où non content des entreprises qu'il auoit heureusement faict en Espagne, se proposa de passer en Affrique où refusant toutes cōditions de paix, voulut venir aux mains auec Annibal, & luy liurer bataille, laquelle victorieusement il emporta.

Le conseil de Fab. meilleur que ses forces.

Fabius vsa certainement en toutes ses œuures d'vne grande vertu, & tres excellant conseil, & neantmoins la constance de son courage en ses aduersités, monstroit assez qu'il ne manquoit de hardiesse, mais par ce qu'il abondoit en prudence il fuit, & ne voulut aspirer à l'hon-

Scipiō victorieux en Afrique contre Annibal.

neur qu'il pouuoit remporter de la bataille, d'où apres la perte de Cannes personne ne se monstra si constant a prendre party que luy, par ainsi aux pertes de toutes les choses de la Republique l'on recouroit à son conseil comme à vn Oracle. Plusieurs combattirent contre ANNIBAL comme Flaminius consul qui auant la dictature de Fabius fut desfaict au Lac Trasimaine, & apres icelle Terentius, qui suiuant d'autres maximes que celle de Fabius, fut cause de la grande ruyne que les ROMAINS receurent à Cannes, ce qui fait recognoistre que les prudens Capitaines sont comme les Sages medecins, lesquels selon la disposition des corps qu'ils traitent se seruent de medicaments plus ou moins violens, & moderez comme faisoit Fabius. Ce que recognoissant ANNIBAL souloit dire qu'il craignoit plus la timidité

Fab. redouté d'Annibal.

de Fabius que la hardieſſe des autres Capitaines Romains, & ſe voiant diuerty de ſes deſſeins par la preuoyance de Fabius diſoit que les Romains auoient en luy vn Annibal. Lequel affermoit que nulle de nos actions eſtoit plus ſubiecte à diuers accidens que celles de la guerre, deſquelles ſouuentesfois de petites choſes naiſſoiét de gráds & importans effects, auſſi que l'honneur d'vn Capitaine procedoit autant de ſon bon-heur que de ſon merité. C'eſt pourquoy entre les principales qualités que lon ſouhaite à celuy qui aſpire à la perfection d'vn Capitaine, celle du bon-heur eſt la premiere, afin qu'il ſe puiſſe rédre victorieux aux batailles ſans la perte de beaucoup de perſonnes, comme fit Fabius combattant contre Annibal dont il remporta vne ſi gráde loüange, qu'vn chacun diſoit que

Nota ce qui eſt neceſſaire à vn Capitaine.

Fabius auoit surmonté Annibal estant victorieux ; & Scipion lors qu'il fut vaincu.

C'est vne fort ancienne, mais si veritable sentence (*n'estre pas moins de louange à celuy qui conserue vne chose acquise, qu'à celuy qui l'acquiert*) mais Fabius conserua la gloire, la reputation, & l'estat acquis de la Republique, & Scipion les accreust tellement que sans la vertu de Fabius la Republique de Rome pouuoit demeurer incertaine, & sans celle de Scipion seulement moins glorieuse.

Tesmoignage que Fab. estoit plus vtile que Scipion.

Au contraire ie dis que les faicts de Scipion furent si grands que luy seul ouurit le chemin à la Republique pour aspirer à la monarchie du mõde veu que par son moyẽ l'Affrique fut domptée & vaincue, & les plus puissans ennemis du peuple Romain debellez & battus. Scipiõ

Scipion plus vtile que Fab.

submit toute l'Espagne soubs la volonté des Romains chassant les Carthaginois desia deffaicts, en quatre batailles diuerses, & les rendãt tous obeïssans au nom Romain, & neantmoins ne se contentant de si peu de chose apres son retour à la ville de Rome procura de retourner auec son armee en Affrique recognoissant que les Carthaginois, ne pouuoient demeurer paisibles sans le danger des Romains: où il eut autant de peine pour vaincre l'oppiniatreté de Fabius au Senat qui blasmoit ce Conseil, qu'il eust eu à surmonter ses ennemis les armes au poing à la campagne. Et si Fabius a esté estimé pour auoir en peu de temps secoué la Republique Romaine du danger des Carthaginois, que doit on dire de Scipion lequel l'asseura pour iamais de ses ennemis les ayãt despouillé de leurs

Excuse de Scipion à sa Rep.

forces terriennes à la bataille qu'il leur dõna où ils perdirent la fleur de leurs gens,& de celles de la mer,les contraignant par leur accord de brusler toutes leurs nauires, dont il receut vne si grande ioie & applaudissement du peuple que tout le monde sortoit hors de leurs maisons pour le voir à son retour d'Affrique. Et à Fabius quelle loüange luy peut on donner que de n'auoir rien perdu? Et en Scipion,que peut on desirer pour exalter ses victoires qu'il n'aye accomply? En l'espace de quarante cinq iours il fist vne armée tres-puissante accompagnée de toutes munitions de guerre, au bruit seul de sa reputation,auec laquelle il passa en Affrique, & domina tout ce peuple Carthaginois, & assubiectit les citéz rebelles au nom Romain,debella Asdrubal, & Annon Capitaines Carthaginois, desconfit l'armée d'Annibal, & retourna à Rome auec la ruine de tous ses ennemis. De sorte qu'auec verité l'on peut dire que l'vn, & l'autre de ces Capitaines aye paruenu au plus haut degré de loüange, de gloire, & d'honneur, bien que par diuerses voyes, mais toutes prudentes & conuenables à de grands Capitaines, & à personnes de iugement, & d'inuention : car Fabius voulant soustenir la furie d'Annibal, lequel auoit desia penetré aux entrailles, d'Italie, & bien aproché la ville mesme de Rome, estima ne deuoir mettre au hazard d'vne bataille toute la fortune de la Republique, puisque la perdāt, il eust perdu tous les moyens d'Arrester le cours de la victoire d'Annibal. Et Scipion ayāt affaire auec le mesme Annibal, mais dans l'Affricque, & proche la cité de Carthage, iugea que quād il luy fut

Considera-tation de Fab. & Scip. pour leur maniement de guerre.

ariué quelque chose contraire à ce qu'il esperoit qu'il ne pouuoit perdre pour cela que ses gens qu'il auoit conduit auec luy, & venant à vaincre les Charth. il les parracheuoit de ruiner, & exterminer, & accroisoit grandement l'Empire Romain, & s'augmentoit vne gloire immortelle. Ce qu'il estoit obligé de faire par l'Exemple d'Annibal qui ne desiroit autre chose estant dās l'Italie qu'vne bataille, mais depuis son retour en Affrique auec son armee ne craignit rien plus que d'en venir là auec Scipion se seruant de ceste regle generale qui dit. *Que lon doit tousiours fuir les choses qui plaisent à nos ennemis.*

Maxime de guerre.

Qui donques vouldra immiter les faicts de ces deux grands Capitaines il deura premierement bien considerer les choses en particulier, & semblablement se mettre deuāt les yeux les occasions & les refpects qui se presentent aux faicts de la guerre pour voir ceux qui luy seront propres, comme aussi prendre garde s'il sera plus expediant pour luy d'assaillir, que se deffendre & en quelque façõ que ce soit, aspirer tousiours à la felicité qu'eurent ces deux Capitaines Romains Fabius & Scipion tous deux expers au maniment de la guerre, aux preuoiances de leurs futurs bon-heurs ou mal-heurs nez enfans de Mars, & allaictez du sang de leurs ennemis.

Si le conseil d'Annibal estoit vtile voulant denoncer la guerre aux Romains, de les aller attaquer en l'Italie mesme.

CHAPITRE V.

Resolution d'Annibal.

ANnibal Capitaine des Carthaginois,&de grande renommée, ayant deliberé de faire la guerre aux Romains, se proposa de conduire son armee qu'il auoit recueilly en Espagne,par terre, iusque en Italie, passant premierement les mons Pirenées,&puis apres les Alpes,pour s'approcher au plustost de la cité de Rome,siege principal de l'Empire.

Ce conseil fut estimé d'vn chacun hardy,& genereux, mais doubteux pour sçauoir s'il estoit vtile au salut des Carthaginois. Il luy sembloit vray que voulant abattre la puissance des Romains, y la failloit desraciner où elle estoit plus forte, ce qui vouloit faire attaquant ses ennemis sur leur terres : resolution grande, & auantageuse pour celuy qui l'entreprend, parce qu'il est en seureté des dangers qui sont loin de luy, & accroist la hardiesse au siens, l'oste à ses ennemis, non seulement auec ses forces, mais par sa reputation, & par la terreur qu'il donne à ses aduersaires, fraye le chemin à sa victoire, & rend par ce moyen sa loüange beaucoup plus grande.

Attaquer ses ennemis à leurs portes est signe de hardiesse.

Si les Romains accoustumés aux victoires de leurs ennemis eussent esté contraincts de cõbattre dãs leur païs pour leur deffẽce, & nõ pour leur augmentation, ils eussent manqué de courage, & de hardiesse, & par ainsi eussent obscurcy leur nom, &

leur splendeur qui les aydoit si fort à conduire leurs entreprises. Ce que recognoissant par experiāce, ils voulurent estre les premiers à passer auec leurs armées en Grece, pour trauailler leurs ennemis en leur estat mesme. Mais l'entreprise d'Annibal fut plus glorieuse pour luy, puis que le voyage qu'il entreprit estoit plus fascheux, & difficile pour mener son armée iusque en Italie: Il consideroit que sa valeur, & renommée esmouueroit le peuple Romain enuié de leur Empire, de recourir à luy, & d'autre costé il craignoit que ses Soldats (gens ramassez de toutes parts) se sentant aupres de leurs païs, ne le quittassēt au fort de sa necessité. Par ainsi desireux seulement d'arriuer en Italie auec toutes ses forces entieres, euita l'occasion de venir au mains auec Scipion qui vint au deuant de luy au riuage

Les Romains preuindrent Annibal.

Occasion qui poussoit Annib. d'aller en Italie.

Pourquoy Annibal refusa la bataille à Scipion.

deRhode. Laquelle entreprise d'Annibal estoit certainement grande, mais bië seante à ses cóceptiós qui estoiët d'imitter les faicts d'Hercules, & prendre les armes cótre, les Romains, nó pas tất pour haine qui leur portast, que pour la grãdeur de leur Empire qui desiroit abaisser, & humilier, tellement que ce qui eust apporté à d'autres de l'estonnement, luy augmentoit son courage. Et croioit deuoir imprimer à ses Soldats par la force de la necessité, la force, & constance de son courage pendant que combatant contre leurs ennemis au pays estrangers, & eslongnez de leur retraicte ils eussent esté cótraints de remettre toutes leurs esperances sur leurs armes, & non sur leur fuite. Il cognoissoit semblablement en quelles occurances ses forces auoient de l'aduantage, & auec qui il vouloit faire

Quand eslognez de leu pays n'osent fuir.

preuue de ſa fortune, ainſi conduiſant ſon armée entiere outre les mons, il prenoit ſon aduantage beaucoup plus grand que celuy des Romains, à cauſe que la plus grande partie de ſon armée eſtoit cauallerie, & celle des Romains infanterie. Ce qu'eſtant ainſi meurement deliberé, & promptement ſuiuy, luy reuſcit fort heureuſemẽt, car la premiere fois qu'il combatit en Italie auec les Romains, il deffit les deux Conſuls, & leur armée qui ſe voulurent oppoſer à ſa gloire, & deſir comme il fit au lac de Traſimaine, où ſa hardieſſe infinie, & iugement immitable ſubiugua preſque toute l'Italie, & la cité meſme de Rome.

Deffaite des Romains par Annibal

Mais entrons vn peu en conſideration, & voyons quel eſtoit le proiet d'Annibal, & comme il eſperoit ſe pouuoir arreſter long-temps en Italie, & là receuoir tout l'aide

Comme Annibal ſe pouuoit longuement conſeruer en Italie.

& secours dont, il pouuoit auoir de besoin.

Par terre le chemin estoit bouché par le moyen des montagnes, & personnes ennemies qui deffendoient le passage, & celuy de la mer luy estoit encore beaucoup moins libre, les Romains n'estant pas seulement seigneurs des mers, mais encore de toutes les nauigations. Ioint aussi que son frere Asdrubal duquel il pouuoit esperer de l'assistance auoit esté taillé en pieces par Claude Consul.

Mort d'Asdrubal frere d'Annibal.

C'est pourquoy il semble que le conseil eust esté plus vtile, à Annibal de commencer la guerre contre les Romains aux Illes de Sicille, & de Sardaigne, qu'en leur Empire. Le pretexte eust esté plus iuste d'inventer vne guerre aux Romains, pour auoir ce qu'ils auoient enuahy de la Republique des Carthaginois,

Pretexte plus appropos à Annib. pour denoncer la guerre aux Romains.

que de rompre la foy, des conuentions, & de chasser les Romains de leur empire. Ceste entreprise luy eust esté plus facile de reuscir selon ses desirs à cause du mescontentement que ce peuple receuoit de la perte de ces Isles, comme l'on s'en apperceut du depuis par l'enuye qu'ils eurent de se rebeller.

Abondance de vaisseaux à la Republique des Carthage.

La Republique de Carthage estoit si puissante en vaisseaux sur mer de ce temps là, qu'il se trouue que pour obeïr au commandement de Scipió apres la deffaicte d'Annibal en Affrique, elle fit brusler enuiron cinq cens vaisseaux. Tellement que si Annibal se fust serui de ceste commodité, il ne pouuoit doubter qu'il ne se remisse maistre des Isles de Sicille & de Sardaigne en peu de temps qui luy eussent facillité, grandement le passage pour l'execution de son entreprise d'Italie à cause de la situation de ces places, lesquelles tenoiét la mer à sa deuotion, & fermée aux Romains, ou faisant au contraire y luy aduint diuersement: quand l'armée Carthaginoise grandement desbile fut surmontée par celle des Romains, ce qui changea le project & dessein d'Annibal. Quant à ce qui est du doubte qu'on pourroit faire qu'Annibal eust plus profité par la prise de ces Isles que par le denoncemét de la guerre qu'il fit directement, & d'vn plain vol à la cité de Rome, il se peut resouldre par celuy que Scipion en receut, lequel auant que passer auec son armée en Affrique, occupa premierement ces Isles de Sicille dont-il receut de grandes commoditez.

Il sembloit encore qu'Annibal eust mieux asseuré son fondement, s'il se fust legué auec le Roy Philippe de Macedone, duquel les forces Maritimes estoient puissantes. Il resto doncques à voir si Annibal se pouuoit acquerir la vraye gloire par sa grande hardiesse, & promptitude qui luy faisoit mespriser toutes autres aides, & secours : qui poisera les choses auec la raison, & experience il trouuera que la prudence est plus requise à vn grand Capitaine que la force des armes, ce qui s'est peu voir à Annibal mesme, puis-que la prudence de Quintus Fabius, obtint contre luy plus que n'auoient sceu faire les armes de flaminius, & Sempronius, & Caius Terentius Consuls & Empereurs de l'armée Romaine, lesquels demeurerent vaincus en la bataille cõtre Annibal, & reduirẽt la Republique Romaine à son dernier desespoir. La loüange que lon attribuë à Annibal, est tirée de la grandeur de son courage con-

La prudence plus necessaire que la force.

Louange d'Annibal.

tre tous dangers,& perils ce qui toutesfois,apporte ordinairemēt pour sa suite vne temerité. Annibal apres auoir essayé par diuers moyens l'euenement des batailles auec les Romains fut contraint pour obeïr tāt au commandement du Senat Carthaginois, qu'à la necessité d'abandonner l'Italie,de conduire le reste de son armée grandemēt diminuée, en Affrique,pour secourir la cité de Carthage reduitte par Scipion en de grādes extremitez,& venir à la iournée de la bataile à laquelle estāt deffait,la guerre fut terminée auec nouuelles pactiós,& en effet auec la ruine totalle de la Republique de Carthage,& perte de sa liberté, estant despoüillée de toutes ses forces maritimes pour asseurer aux Romains vn repos perpetuel. Mais comme se peuuent passer ces grands faicts sans considerer le changement des

Annibal cause de la ruine des Carthaginois.

choses humaines, & admirer la diuerse fortune de ces deux grandes & puissantes nations? puis que les Carthaginois ayant couru toute l'Italie, & despouillé les Romains de toutes les forces de leur Empire lors qu'il sembloit que leur Republique vouloit suiure ceste grande prosperité, & monter au sommet de la supreme grandeur, & monarchie, sont tombez comme vn Icare en vne extreme misere priués de noblesse, & de liberté.

La fin des Rep. de Rome & de Carthage.

Et d'autre costé, les Romains qui auoient esté reduits à la conseruation seulement de leur ville de Rome, arriuerent en si peu de temps en vne si grande puissance, & reputation, qu'ayant chassé les Carthaginois de la possession de toute l'Espaigne, & mis les affaires de l'Affrique en grande confusion, les astraignirent de receuoir par eux les loix laquelle victoire des Romains ouurit le chemin & la Monarchie, à laquelle ils arriuerent vn peu de temps apres. Et entre toutes les choses qui ont faict admirer ces puissantes Repub. nulle se ne peut alleguer plus veritable, que l'excellance de leur ordre militaire, qui fut beaucoup meilleur aux Romains, qu'aux Carthaginois: d'autant qu'ils nourrissoint tous leurs Citoyés aux charges de la milice, afin qu'en manquant de quelques-vns, ils eussent leurs recours à vne infinité d'autres. Ce que les Carthaginois ne peurent faire, lesquels ayant faict ceste perte notable de Zama, demeurerent oppressez sans pouuoir remettre leurs affaires en bon estat, pour n'auoir ny soldats, ny Capitaines soubs la faueur desquels ils peussent rien tanter de nouueau, mais aux Romains vaincus, ne manqua Fabius,

Lordre militaire meilleure aux Romaīs qu'aux Carthaginois & pourquoy.

Marcellus, Claudius, Scipion, & plusieurs autres tres-expers Capitaines que l'institution de l'Empire Consulaire (qui ne duroit qu'vn an) faisoit naistre.

Et les Carthaginois ayant remis la suppréme auctorité de l'administration des armes en ce peu de Cytoiens, comme Annibal pere de celuy cy, & apres luy à son fils, & à Asdrubal son frere morts qu'ils furent perdirent les moyens de se pouuoit iamais remettre en leur pristine grandeur : ce que l'on pourra considerer aux resolutions difficilles pour preuoir la fin des entreprises des grans Princes, & Roys.

Si c'estoit bien faict aux Romains de denoncer la guerre en Sicille, & en Espagne, contre les Carthaginois, & en Macedoine, & en Grece contre le Roy Philippe.

CHAPITRE VI.

COmme entre toutes les guerres que les Romains ont eu, nulle a esté plus cruelle, & de durée, que celle qu'ils ont mené contre les Carthaginois au téps que leur grand Capitaine Annibal fleurissoit.

Guerre des Romains cótre les Carthaginois fort cruelle.

Aussi de celle-là principalement se pouront tirer plusieurs beaux, & bons aduertissemens, & documéts pour códuire, & accompagner vne affaire d'estat au port de son salut.

Les Romains attaquez, en attacquët d'aul.res.

Les Romains durant leur affliction de guerre depputée par Annibal en lour pays mesme, qui fut par l'espace de quatorze ans, attaquerent en ce mesme temps d'autres païs comme la Cicile, l'Espagne, & en Affrique les Carthaginois, & en Grece le Roy Philippe de Macedone.

Lequel conseil n'estoit à mon aduis ny bon ny profitable pour la conseruation de leur estat & Empire, veu que estant assaillis par de puissants ennemis, desquels il ne se pouuoiët deffendre auec l'intelligēce & l'vnion de toutes leurs forces, ils le pouuoient bien moins faire à la diuision de leurs personnes. Et qui plus est ayant perdu leur Republique (comme l'apparence y estoit manifeste) que leur pouuoit seruir l'Estat qu'ils s'aqueroiët en Italie, en Espagne ou autre lieu? Et auec quel courage pouuoient-ils combattre au païs estrangers voyant le leur mesme brusler par le feu de la guerre, qui ne se pouuoit esteindre que par la consommation de leurs maisons, familles, & facultez, exposées aux derniers dangers? où au cõtraire s'ils eussent combatu contre Annibal dans leur pais, leurs courages estant allumez, non par leur deuoir, ains par l'amour reciproque de l'vn & de l'autre, & par la charité qu'ils portoient à leur patrie, ils eussent conduit leurs affaires plus heureusement à leur port desiré, parce que la vertu vnie est plus forte & plus puissãte pour empescher les choses nuisibles, qu'estãt separée. Cõme il se voit en nos corps par la vertu de la nature regente, & maistresse d'iceux, que lors que le cœur se sent offensé, tous les esprits le secourent diligemment comme la partie la plus noble, & de

Comme nostre perte nous leué le courage.

La vertu vnie est plus forte que separée.

Le cœur plus noble partie de l'homme

laquelle leur vie despend. Et quel conseil di-ie estoit celuy des Romains de s'aquerir des ennemis (comme ils faisoient, deputans la guerre à ces païs estrangers) au tẽps qu'ils auoient plus affaire d'amis, & de secours? & s'ils ne se recognoissoient assez forts pour soustenir l'effort d'Annibal, à leur porte, où ils auoient toutes leurs commodités à souhait, cõme pouuoient-ils entretenir en ce mesme temps, la guerre en Espagne? laquelle leur estoit autant incommode, comme elle estoit commode à leurs ennemis. Les Cymbres apres auoir fait plusieurs routtes à l'armée des Romains, en Gaulle, furent à la fin desfaicts en Italie & les Romains plusieurs fois vaincus par Annibal, se sont maintenus & conseruez en leurs païs, & les Venitiens attaquez par les Geneuois en leurs terres, ne se sont seu-

Les Venitiẽs maistres des Geneuois.

lement deffendus,ains ont destruit entierement leurs ennemis à cause que toutes leurs forces estoiét vnies ensemblement. Et si nous considerons de plus pres l'estat, auquel les Romains estoient reduits en ce temps là, nous trouuerons qu'ils auoient plus besoin de se conseruer que de s'accroistre, d'autant que les forces leur manquoient tellemét que le tresor public estoit diminué de la moitié, à cause des contributions qui ny arriuoient plus, ains estoient appliquées au profit d'Anibal, qui occupoit vne grande partie de leurs subjects ; & mesme nous voyons par les lettres que les Scipions escriuoient au Senat, que leurs soldats estoient tellement necessiteux de toutes choses, que la Republique fut contrainte de recourir aux finances & tresors generaux, qui s'estoient enrichis des

Necessité de l'armee des Romains.

daces publiques, pour preuoir aux necessités de leur armée ; Il semble peut estre que leur entreprise estoit vtile d'aller attaquer les estats des Carthaginois pour occasionner Annibal de quitter l'Italie pour secourir son pays, mais puis-que l'experience enseignoit le cõtraire, cõme pouuoient ils estre loüez d'accroistre le peril en leur pays, pour le porter en vn estrange ? Il y auoit desia huict ans entiers que Cneus Scipion faisoit la guerre en Espagne & en Sicille contre Marcellus, lors qu'Annibal s'entretenoit auec ses mesmes forces en Italie, & que partant de Capouée, il alla assieger Rome, laquelle il estõna de telle façon qu'il l'eust prise sans l'innondation qui luy fut fauorable, auquel accident ie vous demande si l'on ne desiroit pas tant de braues Capitaines qui auoient esté occis au-

Le dessain des Romains, d'abandonner leur païs pour en attaquer d'autre, fort mauuais.

pays estrangers? & si leur presence n'eust estonné Annibal & ses forces, puis que mesme il s'estoit trouué estonné deuant Capouee, dont il fut long-temps sans rien oser entreprendre de dangereux ny remarquable pour la crainte qu'il auoit de perdre ses soldats. Mais peut estre que la guerre que les mesmes Romains firent en Macedoine cõtre le Roy Philippe se trouuera plus à propos, veu que Philippe estoit Prince grand, & renommé, & desireux de la ruine des Romains, à cause du voisinage de la Grece, qui estoit ses amis & confederez, comme il tesmoigna par ses ambassadeurs qu'il enuoya à Annibal pour se ioindre auec luy: Toutesfois il sembloit que la vicissitude des choses humains, conseilloit plustost aux Romains de dissimuler telle iniure, & soubçon qu'ils auoient de sa mau-

Sçauoir si les Romains se deuoient declarer ennemis du Roy Philippe.

uaise volonté en leur endroit, que de se vouloir venger, & mettre leurs affaires en plus manifeste peril, s'aquerant vn ennemy euident, qu'il ne l'estoit qu'en oppinion, & imagination. Neantmoins, il ny eust autres moyens d'expulser Annibal de l'Italie que le changement des affaires d'Affrique, reduisant les Carthaginois, au mesme estonnement & hazard qu'ils auoient mis les Romains. Lequel moyen fut obserué par les Venitiens, lors qu'ils furent attaquez par les Geneuois, qui leur reuscit fauorable. Outre toutes autres considerations que les Romains se representoient, celle icy leur estoit aggreable, à sçauoir, que portant la guerre en Cicile, & en Espagne, ils n'auroiét point d'affaire auec Annibal Capitaine de singuliere, & rare vertu, & fort redoubté par eux, & aussi qu'aux guer-

Comme à la fin le Conseil des Romains leur seruit.

res qu'ils faisoient hors leurs limit-tes, leurs Capitaines pouuoient faire plus grande preuue de leur courage & valleur, par ce que perdant là, ils ne perdoient que les gens que le sort de la bataille leur ostoit, mais gaignant, ils s'aqueroient l'estat, & le pays mesme de leurs ennemis, comme il leur arriua en Espagne combattant contre Magon, Asdrubal, & autres Capitaines Carthaginois, d'où il restauroient leur perte d'Italie par le gain qu'ils faisoient en Espagne. Chose laquelle nous auōs veu pratiquer bien souuent au temps de nos guerres passées, & qui est coustumiere aux occasiós semblables à celle icy.

Retour des Romains en Espagne.

Si la destruction de Carthage, fut l'origine de la ruine de la Republique Romaine.

Chapitre VII.

Destruction de Carthage par les Romains.

CArthage fameuse, & renommée cité, tant à cause de l'Empire, & primauté qu'elle tenoit en Affrique, & en Espagne, que pour auoir esté long temps immitatrice de la gloire, & splendeur de la Republique Romaine, fut à la fin faicte non seulement tributaire, & vassalle de la ville de Rome, mais pillée, destruicte, & du tout saccagée.

Guerre reiterée souuent par les Carthaginois.

Les Carthaginois donques auoiét esté vne infinité de fois domptez, & maistrisez par les Romains, & reduicts soubs l'obeïssance de leurs seueres loix, mais non pourtant du tout abbatus, & assubiectis à leurs volontez, commencerent depuis la seconde guerre Carthaginoise de s'enfler le courage, & accroistre leurs forces pour trauailler de rechef les Romains contre leurs pactions, & conuentions, remettant les voiles au vẽt pour les combattre nauallement auec quãtité de galleres armées. Ce qui donna subiect au Senat Romain, d'aduiser si l'on deuoit parachever de ruiner leur ville de Carthage: chose que plusieurs trouuoient bon, & vtile veu que la laissant sus-pied la Republique de Rome ne pouuoit estre assurée de leurs iniures & fatigues.

Conseil de la destruction de Carthage.

Entre lesquels Caton s'oppiniatra fort pour soustenir ceste Affirmatiue, iusques à porter en plain Senat des figues fraiches, montrãt par cela le danger qu'il y auoit d'a-

Nota qu'il faict mauuais auoir des ennemis voisins.

uoir des ennemis si fort voisins. D'autres soustenoient le contraire, comme Scipion Nasica homme de grande auctorité, lequel s'esloignoit de ceste resolution, nō pour la pitié & commiseration qu'il eust de son ennemi vaincu, mais pour la crainte qu'il auoit que l'oisiueté (mere de tout vice) ne portast les Citoyés Romains à quelques plus grands maux, ou à l'oubly de leur deuoir, & de leur exercice militaire. Ce qui semble que Saluste nous a voulu monstrer au commencement de l'histoire qu'il a faict de la coniuration de Catilina, dont toutesfois il y a plusieurs cōsiderations contraires à ceste opinion, par lesquelles lon peut voir que non la paix ny l'oisiueté, mais le continuel maniement de la guerre peut causer les discordes ciuiles, & diuisions dans vn estat, & gouuer-

L'oisiueté mere des vices.

Nota qu'aucunefois, la guerre n'apporte que dissorde à l'estat.

nement. Ce que l'exemple de Marius nous confirmera, lequel pour se conseruer la faueur, & dignité qu'il auoit, laquelle Silla enuioit, se seruit du temps de la guerre qui luy donnoit aduantage, pour se concillier la bien-vueillãce de quãtité de soldats, ou par argent, ou par autre voye de corruption, dõt il fut continué en son Magistrat: à quoy voullant preuoir la noblesse, augmenterent à l'enuy la puissance de Silla ennemy de Marius, qui causa vne fin tres cruelle, & sanglante.

Marius & Silla ennemis.

Le seul & sollide moyen de maintenir les Citoyens vnis à la volõté de leur superieur, ne consiste ny au temps de la guerre, ny a celuy de la paix, mais seulement à vne craintiue obeïssance des loix, lesquelles estãt vne fois cancellées, & mesprisées produisent ceste cor-

Que c'est qui maintient les citoiës vnit.

ruption d'estat, & de gouuernement que nous voyons arriuer à ceux qui n'en sont soustenus, & cõfortez. Dõques le cõseil de Caton, de destruire Carthage pouuoit reuscir vtile, pourueu qu'apres la destruction les Romains se fussent estably vn repos perdurable à iamais par leurs pollices, & bonnes loix, ce que ne faisant, la destructiõ demeuroit infructueuse. Il estoit recogneu par experience que les premieres conuentions traictées entre les Romains, & les Carthaginois n'auoient de rien seruy pour auoir tousiours esté viollées par les Carthaginois, lesquels se reseruant tousiours en leur fortune contraire, leurs mesmes courages & annimosités, ne recherchoient que l'occasion pour se deliurer du ioug de la seruitude où les Romains, les auoient attachés. Don-

Carthaginois vaincus en leur forces, mais nõ en leurs volontez.

ques pour ne retomber en ces hazards, le seul remede estoit de les desnicher de leur ancien nid, & demeure, & les relleguer plus loing de la mer, comme depuis il leur fut commãdé. Mais à quoy seruit pour le repos de Rome, la ruine de Carthage puis qu'ils voulurent depuis sans aucun esgard, ny de crainte ny d'autre respect, aggrandir leur empire iusques aux extremitez de la terre? Quelles choses auoiẽt-ils à desmeller auec les Partes, quelle iniure auoient ils lors receu d'eux, pour les aller rechercher de si loing cóme fit Crassus? La ruine de Carthage deuoit asoupir l'enuie des Romains de plus faire la guerre, mais elle ne le fist pas, parce que la raison qui nourrissoit leurs pensées, & desseins estoit interne non-externe, n'ayant autre fin ny but que celuy qui les menoit à leur fin.

Pourquoy les Romains ont tousiours desiré s'agrandir.

Car cõme ce pouuoiẽt-ils resentir des douceurs d'vne felicité ciuile; s'ils l'ignoroiẽt, ou la mesprisoient voire mesme abboroient la paix, & le repos, duquel ils deuoient esperer leur nourriture, & leur appuy: par ainsi lors que Scipion represen-ta la crainte qu'il auoit que l'oisiueté ne fut la cause de la perte de ceste Republique Romaine, il recognoissoit l'imperfection de ce gouuernement, & doubtoit non tant de loisiueté, qu'il representoit, que des coustumes corrompues de ceste cité, lesquelles pulluloiẽt de diuers, & pestillentieux effects qui rendoient les citoyẽs les vns amateurs des delices & ennemis des fatigues, les autres superbes, & les autres desireux de nouueauté. Tellement, il faut conclure que la mauuaise police de la Cité de Rome fut sa seule ruyne, & non la destruction destructiō de Carthage dont nous auons parlé.

Quel fut le subiect, qui empescha la ville de Rome de se remettre en sa liberté apres la mort de Iulle Cesar, comme elle auoit faict auparauant, ayant chassé les Tarquiniens, & Appius Claudius, & autres Decemvirs.

CHAPITRE VIII.

PLusieurs ont de coustume de demeurer en admiration & estonnemēt l'ors qu'ils considerent comment la cité de Rome se peut remettre en liberté apres auoir chassé & banny les Tarquiniens, qui regnoient il y auoit plus de deux cens quarante ans, & apres auoir demis Appius Claudius de son Magistrat, & les autres Decemvirs, lesquels en leur decenuirat alloient exerceant la Tirãnie, ce que du depuis elle ne sceut faire apres la mort de Iulle Cæsar, mis à mort par Brutus, & Cassius.

Mort de Iulle Cesar.

Et pour l'eclaircissement de ce propos il sera besoin premieremẽt de remarquer les constumes qu'ils s'obseruoient en l'vn, & l'autre tẽps en la Republique, lesquelles au cõmencement estoient bonnes simples, & sans artifices, & qui du depuis deuindrent corrompuës par l'immoderee ambition de regner, qui confondit tellement l'ordre qu'ils auoient, qu'elle rendit la Republique si foible & si debille, qu'estant vne fois oppressée, & decheuë iamais elle ne se peut remettre, & restablir en son entier. Telle corruption de bonnes coustumes commença premierement aux soldats, ausquels les Capitaines permettoient vne l'issence desreglée, &

Vn Estat ruiné difficilement se restablit.

Le desordre des soldats vient des Capitaines.

laschoiẽt la bride de la raison, pour les obliger par ce consentement qu'ils donnoient à leurs volentez, de suiure plus librement leurs desirs & se venger de leurs ennemis particuliers, & mesme quelquesfois au detriment de leur Repub. comme fit Silla pour rabattre la puissance de Marius, & Marius celle de Silla. Et comme vn mal n'est jamais seul, ains en enfante tousiours d'autres, aussi ce desordre cõtinua-il jusques aux plus éminents de la Cité; & de là s'espancha & sur les Nobles, & simples Citoyens; & mesmemẽt sur le Senat, qui accoustumé de n'estre en son pouuoir, mais de celuy qui presidoit aux armees, tomba en ces mesmes erreurs & incõueniens ausquels le peuple estoit arriué, adherant souz le voile de quelque faction, à quelques Citoyens particuliers, qui pour couuerture prenoiẽt

Marius & Silla ennemis

D'vn mal en vient vn autre.

Le mal se faict soubs l'apparence du bien.

pour pretexte la conseruation de la Repub. & la deffence de la liberté contre ceux qui l'enuioient aux autres Citoyens, lesquels puis apres faisoient encore pis. Dont l'ordre de toutes choses fut tellement desordonné que chacun ne cherchoit que ce qui luy estoit vtile & profitable en son particulier, & ne taschoit qu'à corrompre par mauuais preceptes & vaines apparẽces, ceux qui iugeoient estre faciles à esmouuoir & prompts à desirer nouueauté; comme firent les adherans & ceux de la secte de Silla, lesquels s'estans enrichis & en biẽs & en grandeurs aupres Silla, en allaicterent d'autres d'esperãce du mesme bonheur que celuy dont ils iouïssoient, & les inuiterẽt de fauoriser plustost l'estat d'vn Prince seul, que d'vne Republique. Doncques par ainsi, Brutus & Cassius percursseurs de

Cesar, se trouuerent estonnez au changement de la volonté des Citoyens, qui n'estoient plus zellez pour la conseruation de la Repub. comme ils auoient esté du temps de Iunius Brutus, & Virginius, à lors qu'ils expulserent les Tarquiniens & les Decemvirs, qui estoient assistez de soldats remplis de desir de venger l'injure qu'ils auoient receu des Tarquiniens & d'Appius: Mais Brutus & Cassius trouuerent les soldats briguez, seduits, partialisez, & portez à la creation & conseruation d'vn seul Empire, & non d'vne Repub. ce qu'ils tesmoignerent par la reception qu'ils firent à Octauius Cesar, fils adoptif de Iulles Cesar, estant carressé de tous les soldats, pour l'esperance qu'ils auoient de receuoir les mesmes graces, faueurs & courtoisies de luy, qu'ils auoient receu de Iulles Cesar son pere. Où

Bannissemẽt des Tarquiniens par les Romains.

au contraire, Brutus & Cassius furent contrains de mandier du secours estranger pour la deffence & garde de la liberté de Rome, tant estoient changees de ce téps là les coustumes de ceste Cité, & ces esprits genereux du peuple Romain estourdis & confus, qui autres fois auoient tant estimé & tant prisé le nom de liberté, dont ils furent eux mesmes fort blasmez, voire presque mal traittez, car vne partie des plus apparés du Senat, familiers & grãds amis de Cesar (qui neantmoins auoient opiné pour sa mort) conseilloient de vẽger Iulles Cesar, au despens de la vie de ses meutriers & assassinateurs. *Chose remarquable, messieurs, pour n'attenter iamais sur la vie de noz Rois, maistres & Seigneurs.*

Cõment l'acte de Brutus & de Cassius fut blasmé des Romais.

Chose dangereuse & punissable d'attenter sur nos Rois.

Ce meslange & chaos d'opinions diuerses & contraires affections, broüilloit de telle façon ce pauure estat que quelques vns soustenoiét Brutus & Cassius & d'autres la memoire des Tarquiniens, comme firent deux des enfans de Brutus, qui pour soustenir les enfans des Tarquiniens, furent condãnez à mort par leur pere mesme: D'autres celle d'Appius Claudius. Mais du temps de Iulles Cesar ces diuersitez estoiét reduites en vne vnion & concorde, soit que ce fut par don particulier ou par vertu, ou par vn merueilleux artifice duquel il vsoit pour se maintenir ainsi, traittant auec tous familierement, pardonnant les offenses, faisant publiquement de somptueux banquets, & donnant beaucoup, tous vrais moyens de se consillier les amitiez du peuple, & fonder pour jamais, vne tyrannie secrette, sans que le peuple s'en apperceust, comme il fit prudemmét. De sorte qu'ainsi tout examiné de

Sentence de mort d'vn pere cõtre ses enfans.

Iulles Cesar fort clement & prodigue.

Acte de Brutus & Cassius mauuais.

prés, il faut dire que l'intention de Brutus & Cassius estoit plus à loüer que l'effet, puis que leur danger ne pouuoit apporter à la Repub. vn vray salut, comme bien tost apres ils le recogneurent abandonnant ceste Cité, laquelle ils deuoient appeller à la liberté & seruir de Chef à ceux qui eussent voulu prendre les armes pour ce sujet; mais vne chose tantee mal à propos ne pouuoit faire ceste heureuse fin, que l'occasion & le temps eust faict naistre: car Cesar pouuoit facilement tomber de luy mesme en la disgrace du peuple Romain, qui commençoit desia de murmurer contre le nom qui s'estoit donné de Roy & de Monarque puissant: ioint qu'il auoit aussi refusé de la main du peuple plusieurs honneurs & dignitez, qui le rendoit d'autant plus odieux à ceste populace, & plus subjet à cest

Vne chose mauuaise de son commencement ne peut deuenir bonne.

accident de mort ; qui venant de ceste voye, eust esté beaucoup plus à propos que par celle de Brutus, & Cassius. Encore que quelqu'vn me peut respõdre qu'apres la mort de Calligula & de Neron, la Rep. ne se peust deliurer du joug de la seruitude : A quoy ie responds qu'en ce temps là l'ambition de regner estoit trop enracinee, & la volonté des soldats qui occirent Calligula & Neron, contraire à celle de Brutus & Cassius, & la Cité de Rome de soy trop bien disposee au gouuernement politique par les bonnes loix & coustumes qui pour lors estoient en obseruance & reuerence, qui empeschoient bien le regne de la tyrannie, n'y ayant rien qui anime mieux vn estat qu'vne bonne loy soigneusement obseruee, sans laquelle l'vnion ne peut estre suiuie. Ainsi comme il arriue aux cho-

Les bonnes Loix en vn estat le conseruent.

ſes natureles que quand le corps n'a la proportion entiere auec l'ame qu'il doit auoir, ne pouuant l'vn ſans l'ayde de l'autre (qui eſt ſon inſtrument) exercer aucune œuure, il vient bien toſt à manquer & perir. Et comme aux generations natureles chaſque choſe ne ſe faict pas de chaſque choſe, mais bien d'vne ou d'autre matiere s'engendre particulierement telle ou telle choſe conuenable à la qualité de ſa matiere, & à la vertu de la cauſe generante: ainſi ſemblablement à nos actions ciuiles, *Tout eſtat ne s'ordonne n'y ſe faict d'vn meſme eſtat.*

Laquelle est la plus asseuree voye pour aspirer à vne Repub. aux honneurs, & à la gloire de celle que suiuit Caton, ou celle de Cesar.

CHAPITRE IX.

Caius Iullius Cesar & Marc Caton d'Vtique, fleurirent en vn mesme temps en la Rep. de Rome, tous deux grands & releuez personnages, cõpagnons de bõ-heur, & des premiers du Senat, mais tous deux si differans en leurs coustumes, maximes & gouuernement d'Estat, qu'ils ont donné subjet aux esprits curieux de police, de s'esmerueiller, considerant le succés de leurs affaires toutes differentes en dessain, & neantmoins bandees en vn mesme but. Ce qui nous doit plus curieusement por-

Cesar & Catõ d'vn mesme temps.

Preceptes de Cesar & de Caton differens.

ter à la recherche de leurs preceptes & voir lequel des deux doit estre le plus imité.

Clemence & liberalité de Cesar.

La clemence, la liberalité, & la magnificence de Cesar luy auoit acquis beaucoup de credit & de faueur enuers le peuple : Mais Caton estoit reueré & respecté par la seuerité de ses Loix, l'integrité de sa vie, & le zele qu'il auoit au bien public.

Seuerité de Caton.

Ceux qui se trouuoient oppressez par la necessité, par la pauureté, ou par des ennemis plus forts & plus puissans qu'eux, recouroient à Iulles Cesar, & ceux qui haïssoient les meschans & susciteurs de nouueauté, mettoient leurs esperances sur Caton. Cesar n'espargna iamais ses peines, ses labeurs, & ses veilles, pourueu qu'il en remportast de la gloire, & Caton mesprisant la gloire mesme, en deuint glorieux. Cesar en toutes ses œuures ne visa ny

Les pauures recourent à Cesar, & les bons à Caton.

Cesar cupide de gloire.

Caton mesprise la gloire

Cesar cu-

tendit jamais à autre fin, qu'à tesmoigner son courage & sa generosité : Et Caton ne se pleut jamais qu'à la modestie & innocence de sa vie. Cesar estoit facile à pardonner, & Caton tres constant en sa iustice. Cesar tesmoignoit prendre plaisir aux jeux, aux festes, aux banquets & festins publicqs, pour complaire au peuple, & Caton disoit ouuertemẽt qu'il negligeoit la faueur & applaudissement qui s'engẽdroit d'autre subjet, que de la seule vertu. Dõques par ces differentes maximes, ces deux grands personnages s'acquirent cest honneur, ceste reputation, ceste authorité de laquelle no[9] nous seruons maintenant, au bonheur que nous souhaittons à ceux qui tiennent les charges & administration d'vne monarchie : La gloire de Cesar fut grãde aux armees par le moyen de ses faicts heroïques,

rieux de se faire voir par son courage, & Catõ en son innocence de vie.

Cesar doux au pardon.

Caton seuere.

Sentence de Caton.

Cesar en guerre. Caton en paix.

mais celle de Caton ne fut point moindre aux choses ciuiles, & tandis que la cité eust quelque forme de Repub. le pouuoir de Caton ne deuint point moindre que celuy de Cesar, voire mesme le surpassa aucune-fois, comme à la cause de ceux de la coniuration de Catilina, qui furent condamnez à la mort par l'opinion de Caton, contre celle de Cesar. Et mesmement quand il s'opposa à la publicatió de la Loy, proposee & fauorisee par Cesar, (*De la diuision de la campagne de Rome*) où *l'authorité de Caton domina celle de Cesar.* Ce que recognoissant Cesar, s'essaïa de gaigner l'amitié de Caton, lors qu'estant par le commandemét des Conseils conduit en prison, il procura son eslargissement; comme fit Pompee qui tascha de se lier de parenté auec luy, recherchant d'auoir pour féme vne de ses niepces:

Opinion de Caton cõfirmee contre celle de Cesar.

Emprisonnement de Caton.

Pompee recherche l'alliance de Caton.

D'où l'on peut voir que la seuerité des loix & coustumes de Caton, luy auoit acquis plus d'authorité au maniment des affaires de la Repub. que n'auoit faict à Cesar & Pompee la reputation & l'honneur d'auoir commandé aux armees.

C'est donc auec raison qu'il faut considerer quelle fut la meilleure reigle & methode pour aspirer aux grandeurs ciuiles. Ou celle de Cesar, ou celle de Caton, & à mon iugement celle de Cesar, semble plus noble, plus facile à immiter, & plus commode à la vie, ciuile ny ayant rien de plus importãt pour vn heureux estat d'vne Cité, que la magnificence, la courtoisie, & la clemence, vertus qui reluirent en Cesar, & qui le porterent au sommet & cõble des grandeurs & puissances : quoy qu'il semble que la rigueur, la seuerité & le mespris de toutes autres

Quelle fut la meilleure voye pour gouuerner vn Estat, ou celle de Cesar, ou celle de Caton.

Maxime de Cesar, meilleure que de Caton.

Seuerité de Caton trop rude.

choses qui se loüe en Caton aproche de plus prez la vertu, mais toutesfois moins accordante & consonante à l'armonieux son de la vertu ciuile. Car celuy qui n'estime la bié-vueillance & l'affection des Citoyens, & ne recherche les moyens de l'auoir par d'autres moyens faciles & possibles, ou finalement en toutes choses trouue occasion de contention (qui souuente-fois apporte de grand diuorce, & met la Cité en confusion) outre qui se ruine luy-mesme, il ruine encore son Estat. Et quand les Loix sont ainsi rigoureusement obseruées, il semble qu'elles soient plustost faictes pour l'oppression des Citoyens, que pour la conseruation de la Iustice : chose bien recogneuë aux effets de Caton qui luy firent plusieurs ennem..s, lesquels pour s'agrádir contre luy, s'apparenterent ensemble

L'inimitié des Citoyës enuers leur Prince, ruine l'Estat & le Prince.

Qu'apporta la seuerité des Loix de Caton.

semble , s'vnirent d'amitie & se rendirent redoutez & de luy & de la Republique.

Qui causa le reffus que Caton fit de l'alliance de Pompeé

Si Caton n'eust desdaigné l'affinité que Pompee luy offrit, il n'eust donné occasion à Cesar de s'alier auec luy , luy donnant sa fille Iulie pour femme, qui fut cause de la demesureé puissance de l'vn & de l'autre , auec laquelle ils ruinerent la Repub. Les seueres coustumes de Caton desplaisant au Peuple , furent cause qu'ils diuertirent leurs affections enuers luy pour les conferer à Cesar, qui par ce moyen s'entretint en son authorité, son bonheur & sa puissance. Et iaçoit que les conseils de Caton fussent obseruez & soigneusement obeys , si neantmoins ne pouuoit-il long temps subsister d'autant que son pouuoir n'estoit pas soustenu d'assez bōs fondements, pour se main-

Iulie fille de Cesar féme de Pompeé.

tenir en vn mesme estat, ains fut souuent refusé à la demande qu'il fit du Consulat, & mesme enuoyé comme en vn exil en l'Isle de Cypre, pour quelque affaire feinte de la Rep. dont la Rep. en souffrit de l'incommodité & particulierement Ciceron qui en fut exilé & banny dont il s'ensuit que les façons desquelles Cesar se seruit en son Gouuernement estoient plus asseurees pour se conduire & conseruer longuement en son auctorité d'administratiõ d'estat que celles de Caton. Neantmoins qui d'autre costé ira examinant les coustumes de Caton il les trouuera plus loüables, iustes, & moins trompeuses pour s'acquerir la vraye & bõne reputation telle que celuy qui veut viure en vne Repu. bien policee, doibt desirer: Parce que celuy qui chemine par le sentier de la vertu, de la iustice, de la

Banissemẽt fictif de Caton.

Ciceron bãni pour le subiet de Caton.

La vertu & la Iustice sõt plus asseurées pour se maintenir

modestie, & temperance, & non pas de l'aplaudissement populaire, il a son escorte sa defence, & son essort plus asseuré & plus honorable pour paruenir à la perfection de sa dignité. Bref en la diuersité de ces choses il faut considerer, pour en tirer vne conclusion vtile, de quelle forme de gouuernement la Repu. en laquelle nous sommes nez est fondeé autrement sans ceste particuliere consideration, personne ne se pourra resoudre à suiure l'vne ou l'autre maniere de viure. Comme par exemple, si la Rep. en laquelle nous esperons tenir les preeminences est ordónée en la forme de l'estat des Ottimiens, ausquels la vertu estoit fort prisee, il n'y a nul doute que les coustumes de Caton ny soient bien receuëes & aggreablement acepteés.

que non pas l'aplau dissement & bruit du peuple.

En vn estat bien policé les maximes de Caton seront preferées à Cesar.

Mais aussi au contraire si le peu-

En vn estat populaire,

ple a de l'authorité en ceste Cité les artifices & menees de Cesar y seront plus prisees & plus capables pour s'acquerir des faueurs populaires.

En vn estat populaire, Cesar sera preferé à Caton.

Partant en Sparte qui estoit Rep. des Ottimiens, plusieurs semblables à Caton & en vie & en coustumes y fleurirent, ou au contraire à Athenes, Rep. populaire, les vsances de Cesar y furent plus approuuees quoy que pour toutes ces diuersitez & differences de genre de vie, Cesar & Caton ne laisserent pour autãt de s'aduãcer tous deux à la Rep. de Rome, parce que le gouuernement de la Repub. estoit mixte & meslé, à sçauoir qu'il tenoit de l'estat populaire, & de celuy des Ottimiens, & comme celuy du peuple estoit le plus puissant, à cause de la grande licence dont il iouïssoit: le party de Cesar demeura plus fort que celuy de Caton, & par ainsi de-

Repub. de Sparte & d'Athenes cõtraires en Loix.

Pourquoy Cesar & Caton, aduersaires en maximes, ne laisserẽt d'estre grãds en la Repub. de Rome.

struisit entierement la forme du gouuernement ciuil.

En quel temps la Republique Romaine remporta le plus de gloire, & de prosperité.

CHAPITRE XI.

LEs grandeurs & prosperitez de la Cité de Rome sót si grandes, que les considerant, elles donnent nouueaux sujets d'estre recherchees, pour cognoistre en quel temps elle a merité plus de loüange & d'imitation. Elle à fleury & regné en trois diuers aages, assauoir comme des son enfance, dés la fondation d'icelle, iusques à l'expulsement des Tarquiniens, & au premier consulat de Iunius Brutus, & Tarquinius Colatinus qui fut par l'espace de deux cens

Repub. de Rome en son Gouuernement regna 224. ans. Au secód de de son aage 246. ans. Et au troisiesme 220. ans. Qui monte à sept cents dix ans.

vingt quatre ans : (au second) qui fut de son adolescence iusques à la seconde guerre Carthaginoise, assauoir par l'espace de deux cens quarante six ans d'vn temps à l'autre, (au troisiesme & dernier aage) dés sa ieunesse, qui fut la fleur de son aage & de ses plus grandes fortunes, qui dura depuis la susdite guerre iusques à la dictature de Cesar enuiron deux cents vingt ans qui acomplit le nombre de sept cents dix ans que la Rep. de Rome dura par le bon gouuernement des premiers Roys & l'authorité du Senat. Et reste seulement à veoir maintenant auec l'œil de la raison, lequel de ces trois aages merite le pris. Sur quoy donnant mon aduis ie diray qu'il me semble que comme c'est la chose la plus difficile en vn bastiment que le fondement, aussi qu'il doibt apporter le plus de loüange, à celuy qui l'a poſé, comme en ceſte Rep. qui auoit eſté bien fondée, & ſur les fondements de laquelle les ſucceſſeurs de ſes fōdateurs, pouuoient baſtir aſſurement vn grand edifice ny ayant rien de plus aiſé que d'adiouſter à la choſe inuentee, & d'augmenter ce qui de ſoy eſtoit deſia grand & puiſſant & eſleué en fondements, comme ont faict ceux de ces deux derniers aages.

Sentence veritable.

Ce premier aage fut gouuerné par ſix Roys tous portez & eſchauffez au ſeruice de ceſte nouuelle cité, car Romulus Pere & fōdateur d'icelle, cōmença le premier, la premiere habitation, & diſpoſa les choſes en telle façon, que la Cité ſe pouuoit gouuerner d'elle meſme, & ſās s'aſſubjetir à la puiſſance de ſes voiſins. Auquel ſucceda Numa qui premier luy dōna les loix, & à Numa, Tullus Hoſtillius qui commença à eſtargir

Le premier gouuernement de Rome fut faict par ſept Rois, dont le premier fut **Romulus, Numa Tullus Hoſtilius, Ancus Martius, Tarquinius Priſcus, Tarquinius Superbus.**

ſes limites, au deſpens de ſes voiſins aprez luy, Ancus Martius qui crea quelque dignité pour luy donner touſiours la vraye forme d'vne grãde Cité, auquel ſuruint puis aprez Tarquinius Priſc⁹, qui accouſtuma le Peuple à rendre l'honneur & l'obeiſſance à l'Empire & Majeſté qui luy eſtoit deu & apres Priſcus, Tarquinius Superbus lequel ouurit le chemin à la liberté procurãt la ruine de ceſte Cité. Deſquelles choſes nous pouuõs voir que le ſecõd aage trouuoit la cité deſia bien informeé & inſtruite au fait des armes, & de la Religion, & acruë en edifices & peuples accouſtumez à la cognoiſſance de leurs Roys, qui luy facilita le paſſage pour puis apres l'augmenter aiſément : quoy que ſi l'on conſidere de prés les raiſons qu'on peut alleguer à la faueur de ceux du ſecõd aage, il ſemble qu'on leur donnera le plus de loüange, veu que sont ceux qui ont rẽdu les plus beaux exemples de la vraye vertu, & qui ont esté les plus feruans pour le bien de leur Patrie, laquelle les a fait mespriser tant d'eminans perils, où vne infinité de grands personnages se sont precipités d'eux mesmes, comme fit Curius & autres vainqueurs non de leurs ennemis seulement, mais aussi d'eux mesme. Quãt aux efforts de la guerre qu'ils supporterent, les Papiriens Pere & Fils l'ont assez tesmoigné contre les Samnitiés, Furius Camillus, Quintus Seruilius Alba, & Q. Fabius contre les Gaulois & plusieurs autres que ie mets soubs le silence pour viser plustost à la prolixité du subject, que de leur merite. Aussi auoient-ils l'esperon de vertu qui les y piquoit perpetuellement, car on leur faisoit vn triomphe solemnel au retour de

Curius mesprise la mort pour sa Patrie.

Les victorieux au retour de leur victoire triomphoient & estoient couronnez.

leurs conquestes comme on fit premieremẽt à Posthnius consul aprés la victoire qu'il eut contre les Sabins, l'on leur erigeoit des Statues, on leur faisoit des Couronnes & plusieurs autres Ceremonies esguillons d'honneur pour eux, profitable au bien du public & de leur cité. Quant aux pollices ciuiles, elle en estoit aussi bien ordonnee, qu'elle fut en aucun autre temps, elle auoit les loix des douze tables faictes par Appius claudius & ses compagnons au Decemuirat, puis l'inuention du droit de Bourgeoisie que les Latins eurent, qui mist fin aux guerres qu'ils auoient eu ensemblément plus de quatre cents ans, & peupla la Cité. De plus elle auoit l'vsage des collonies & l'obeissance grande que le peuple luy rendoit qui l'assista lespace de cent ans aux guerres sans aucun gage ny recom-

Les loix des douze tables estoient du temps du second aage de la grandeur de Rome.

pence. Et finablement ce que nous sauons de plus remarquable en ce second aage, est la constance & generosité de ceux qui se trouuerent au temps de son affliction, lors que la Cité de Rome fut bruslee & destruite par les François, lesquels ne la voulurent iamais abandonner, ains se refierent sur l'estonnement que ce nom de Rome auoit autrefois donné à tout le monde, qui remettroit encore leur Rep. sur pied: loüange certainement incomparable à nulle autre, & qui ne leur doit point estre deniée, tout ainsi cóme le blasme au troisiesme aage qui n'estoit remply que de vice, d'ambition, d'auarice, qui conduirent ceste Cité à sa perte & ruine totale.

Le troisiesme aage de Rome fut la ruine de ceste Republ.

Pourquoy la Republique Romaine, apres plusieurs pertes qu'elle receut, elle demeura sur la fin victorieuse.

Chapitre XI.

TAnt plus que l'on va examinant de pres les heroïques faicts des Romains, l'on descouure tousiours quelque chose de nouueau digne d'admiration & de loüange, quoy qu'ils ayẽt esté quelquesfois trompez en leur entreprise, & vaincus en leurs batailles, ce neantmoins sont demeurez à la fin de toutes leurs guerres maistres & victorieux. C'est pourquoy i'ay trouué ce suject digne d'estre recherché & curieusement profondé, pour apprendre quelle fut la cause de l'heureux succez en leurs affaires, apres neantmoins la

Pourquoy les Romains sõt tousiours demeurez victorieux.

perte de plusieurs batailles. Polibius sur ce suject, lors qu'il racompte toutes les guerres que les Romains ont eu, les appelle inuincibles par ceste raison, assauoir de ce qu'en leurs bonnes fortunes, ils estoient modestes, & en leurs mauuaises & aduerses, constans. Qui sont certainement les deux les plus nobles & plus necessaires vertus que celuy qui aspire à vne perpetuelle gloire peut desirer : parce que la diuersité des choses humaines ne permet pas que l'on arriue au sommet des grãdeurs & puissances par le chemin d'vne continuelle prosperité, c'est pourquoy la constance luy est necessaire afin qu'il guide & conduise ses entreprises en leur dernier but auec le mesme courage qui les a commencé. Et non seulement la constance seule luy est requise, mais aussi la modestie & temperance, a-

Modestie en prosperité & constance en aduersité.

La presomption souuẽt ruine nos fortunes.

ſin qu'aux effects & accidents auantageux à ſon deſir, il ne ſ'enfle de vanité & d'orgueil qui bien ſouuent font arreſter nos deſirs & proiets au milieu de leur courſe. Ce que les Romains n'ont iamais faict, ayant eſté doüez de ces deux rares vertus ſur toutes autres, combien que ſ'ils n'euſſent eſté acompagnés d'autre bon heur, que de celuy de ces deux vertus, ils n'euſſent pas acquis tãt de renõmee qu'ils ont fait, mais auec icelles ils auoient encore ce bien là que toutes leurs armees n'eſtoient compoſeés que de leurs Citoyens meſmes, qui tenoient les honneurs & les grades en leur Rep. & ſur tout de ceux qui auoient de l'acquis comme Ciceron, leſquels eſtoient employez pour le ſalut de leur Patrie autant en vne vacation qu'en vne autre, comme il fut eſtant Proconſul contre les Partes. Ce qui

Armee des Romains compoſee de leurs Citoyens.

Ciceron employé aux affaires de la guerre.

les rendoit admirés en leur maniement d'affaire & redoutez par leurs ennemis, ce que Pyrrus confessa luy mesme ayant la guerre auec eux lequel s'esmerueilloit comme ils pouuoient entretenir la guerre en tant de diuers endroits comme ils firent en vn mesme temps, assauoir en Italie contre Annibal, en Espagne, en Grece, & en Affrique, ce qu'ils faisoient à cause de la grande multitude de gents-darmes qu'ils auoient en leur Rep. Qui montoyent aucune fois à cent mille soldats reduits à vingt trois legions. Tellement que s'ils se perdoient soubs la conduite de Lucius Cassius, & Cayus Seruilius (soubs la main desquels ils perdirent quarante mille hommes). Ils gaignoient soubs celle de Marius contre Iugurta. Ainsi en plusieurs autres rencontres, ce qui les empeschoit de tomber entiere-

Pourquoy les Romains pouuoient entretenir en vn mesme temps en plusieurs endroits des Armees.

Les Romains perdant en vn lieu gaignoient en vn autre.

ment déconfits, eſtoit le continuel exercice qu'ils faiſoient de la guerre qui leur rendoit tant de Capitaines capables pour commander, & de ſoldats pour obeyr : comme au contraire ce qui affoibliſſoit le plus les Carthaginois, eſtoit le peu de nombre de bons Capitaines qu'ils auoient, & de ſoldats diſciplinez & enuieillis aux preceptes de Mars qu'auſſitoſt qu'ils auoient receu vne perte de gents, ils demeuroient à l'heure meſme abbatus & à demy vaincus comme il leur arriua lors que par Scipion ils furent deffaicts en Affrique, où ils furent contrains de remander Annibal qui eſtoit aux mains en Italie auec les Romains, leſquels fort trauaillez par luy & par ſa preſence, furent relaſchez de leur peines par ſon depart, & du depuis victorieux en Affrique à cauſe que les trouppes d'Annibal

eſtoient

estoient fatiguez du chemin & à demy vaincus par plusieurs inconuenients qu'elles auoient supporté. De plus ceste Rep. Romaine auoit de coustume au commencement de son regne, qu'elle se faisoit seruir par les ieunes soldats quelques annees au parauant que de recepuoir solde ny paye aucune, & pendant ce temps là elle remplissoit son Arsenat & thresor public de finances & deniers pour aux occasions fournir à l'entretenement des grandes leuees qu'elle faisoit, & par ainsi euitoit de tomber en sa ruine & soubs la domination de ses voisins comme fit la Repub. de Sparte, laquelle par sa grande necessité obeissant aux loix de Lycurgus qui ne vouloit permettre, qu'on enrichist le thresor public (qu'il appelloit *Ærarium*) fut contrainte de mandier le secours & l'aide du Roy de Perse,

Les ieunes soldats en la Rep. de Rome ne receuoient point de solde.

Ordonnance de Licurgus, de n'enrichir le thresor Public en Sparte.

tellement que pour faire la guerre aux Grecs, elle se fit esclaue & serue des Barbares.

Autre ordõnance des Romains pour l'entretenement de leurs guerres.

Il estoit encore ordonné en la Rep. de Rome ; que chaque Citoyen seroit tenu de demeurer aux armees, au moins l'espace de quinze ans, & encore qu'il se fusse trouué en des batailles, en des assauts, rencõtres, & plusieurs escharmouches, ce neantmoins n'estoit-il pour autant congedié, ny licentié de son seruice, que son temps limité ne fut expiré. Ce qui les rẽdoit tellement hardis & disciplinez, que tout leur reüscissoit à gloire & profit, car en peu de temps elle se rendit maistresse de plusieurs Prouinces & Nations, voire de leurs voisins, qui fut vne des plus grandes conquestes qu'elle ait iamais faict. Aussi l'on voit en l'histoire Romaine, que lors que les Gaulois de delà les Alpes, du costé du Rhein assaillirent ceste Rep. du costé de Lõbardie, qu'elle mist sur pied iusques à sept cens mille hommes de pied, & soixante mille cheuaux, sans les Lombards qui estoient aux armees pour la defense de leur païs, & si c'estoit au temps que la Rep, estoit à son commencement & non encore puissante comme du depuis elle deuint.

Outre toutes ces forces qu'elle auoit des gens de guerre & de la quantité d'hommes aguerris, elle auoit encore la discipline militaire si bien obseruee, qu'encore que celle des Grecs, & des Macedoniens, fusse en reputation de ce temps-là, neantmoins l'on ne parloit que de la leur. Et entre toutes les choses qu'on loüoit en la discipline des Macedoniens & des Grecs, par le moyen de laquelle Alexandre le

Que c'est que Phalange de soldats & qui en fut l'inuenteur.

grand fit ces signalees executions, estoit le Phalange & gros d'armee auec lequel il combattoit tousiours vny & serré: Ce que les Romains obseruoient aussi, & auec plus d'experience & de conduicte, combattans tantost ensemble, tantost par bandes & escadrons, & tantost seul à seul, de sorte que personne ne demeuroit oisif en leurs batailles, ny occupé à d'autre chose qu'à penser de s'enseuelir plustost au lict d'honneur, qu'à demeurer fugitif, ou seul, pour piller & butiner ceux qui par leur valeur estoient atterrez. D'où l'on voit qu'au retour d'Annibal en Italie apres ses premiers conflicts, & premiere rencontre recognoissant la perfection, de cest ordre de guerre, il fit obseruer à ses soldats les mesmes statuts des Romains, & apres luy Pirrus, non seulement commanda qu'on imitasse

Les Romains imitez en leur guerre par Annibal & Pyrrus.

les Romains en leur discipline militaire, mais voulut encore mesler parmy ses escadrõs & compagnies des soldats Italiens, pour mieux suiure leurs milices, disant que ceste discipline de Barbares (ainsi appelloient les Grecs toutes les natiõs) n'estoit point Barbare en tout.

Et puis que nous sommes à remarquer & racompter les disciplines qu'obseruoiẽt les Romains en leur milice, ie diray qu'il me semble ne debuoir estre oublié la diligence qu'ils gardoient par ordonnance publique, en la distribution des butins qu'ils faisoient sur leurs ennemis, lesquels ils diuisoient esgallement deuant tous, autant à ceux qui estoient en garde, qu'à ceux qui auoiẽt faict la prise. Chose pour laquelle nous auons veu de nostre temps arriuer de grands desordres parmy nos armees faute

Comme se faisoit la distribution du butin parmy les Romains.

de ceste Police. Et d'auantage ils auoient leur foy & parole en si grãde recommandation, que l'ayant vne fois dõnee à ceux qu'ils auoient vaincus, iamais ils ne la violloient, ains leur faisoient si doux traictemens qu'ils gaignoient les cœurs de leurs ennemis sans les combattre.

Foy inuiolable des Romains.

Si la Cité de Rome s'estant conseruee la liberté en forme de Repub. se fusse plus long temps maintenuë en splendeur & grandeur, qu'elle ne fit soubs le gouuernement des Empereurs.

Chapitre XII.

Depuis que Cesar eut reduit la volonté & la liberté des Romains à la sienne, & qu'il eut changé l'ancienne forme de leur gouuernement en vn Estat de

Monarchie, y se conserua l'espace de quatre cens ans ou enuiron sous vne suitte d'Empereurs, sans grande perte ny diminution de sa premiere grandeur, & finallement iusque au temps d'Arcadius & Honorius, auquel l'Italie endura beaucoup & particulierement la Cité de Rome chef de l'Empire, tellement que iamais elle ne peut se remettre en son estat, comme elle auoit faict autresfois, apres de grands euenemẽts & pertes remarquables. Ce qui me faict rechercher de plus pres la source de ceste grãde cheute & veoir cõme vn Empire si biẽ fondé qu'il estoit, a peu deschoir & tõber si subitement à sa ruine, sçachãt bien neãtmoins que si l'on mesure le tẽps qu'il a duré en triomphe auec les chãgemẽs & accidens humains, qu'on le trouuera auoir plustost esté trop conserué, que trop tost ruiné. Mais

L'Estat de la Rep. Romai ne reduit en Monarchie par Cesar dura heureux l'espace de quatre cens ans.

ſi d'autre coſté l'on ſe ſouuient de ſa grandeur & puiſſance qui s'eſtendoit ſur tous les potentats, Prouinces & Nations, lon entrera en doute ſçauoir s'il ſe fuſſe mieux conſerué en ſon eſtat de Rep. que ſouz l'Eſtat de Monarchie & gouuernement des Empereurs. Et à vray dire il y a pluſieurs raiſons qui induiſent à croire que ceſt eſtat en quelque forme qu'il euſt peu demeurer, n'euſt ſceu durer long temps, & euſt touſiours couru à ſa ruine auec le changement des temps, comme il a faict. La premiere raiſon eſt fondee ſur les choſes humaines, qui cõme humaines ſont caduques & periſſables, ne pouuant ſubſiſter à raiſon de leur imperfection naturelle, ains vont touſiours tournant par leur mouuement perpetuel, tãtoſt en haute, tantoſt en baſſe fortune.

Pourquoy l'Eſtat des Romains quel qu'il fuſt, eſtoit periſſable.

Autrefois les Romains en leur tẽps & saison ont fleury, excellé & dõpté tous les autres peuples & natiõs estrangeres, & c'est chose asseuree que les Royaumes, les gouuernements & les seigneuries (comme les vies mesmes des hommes) auec le temps enuieillissent, & cheminãt auec les termes ordinaires & naturels, ont vn commencement, vn accroissement, vn estat, vne declinaison, & vne fin. Et par ainsi soit que les Resp. demeurent Resp. ou qu'elles chãgent de gouuernemẽt, il faut qu'elles ayent tousiours leur fin, & pour vray dire, nous n'auons pour exemple de grande Rep. que celle de Rome, qui aye faict de si grandes conquestes & augmentation de domaine, qui neantmoins à la fin recognoissant qu'vn si grãd Empire ne pouuoit estre gouuerné longuement par forme de Rep. c'est

Chaque chose a son commencement & sa fin.

Les grandes affaires & gouuernemens ne requerent que vne obeyssance.

laissee corrompre & changer en Empire souz l'obeyssance d'vn seul. Et mesme nous voyons qu'au temps que la Rep. fleurissoit, lors qu'il falloit traitter quelque bonne affaire & principallement touchãt la guerre, il falloit recourir à la creatiõ d'vn dictateur, lequel par le supréme rãg qu'il tenoit sur tout le reste, commãdoit absolument aux affaires les plus difficiles: car ceste charge representoit la Majesté & la dignité, que du depuis les Empereurs ont retenu. D'où vint que Cæsar apres s'estre rendu maistre & chef de la Rep. se fit appeller (Dictateur perpetuel) & sans doute, lors que le pouuoir de plusieurs est vny en vn, le gouuernement au lieu d'affoiblir, s'augmente & s'accroist, parce que l'obeyssance en est plus grande, les resolutions plus faciles, & les executions aux choses vrgentes plus prõ-

Quel estoit le deuoir du Dictateur.

Cesar nommé Dictateur perpetuel.

pres & mieux effectuees. Et ne faut douter que la Cité de Rome ne fust paruenuë plus de beaucoup à son supréme degré qu'elle n'a fait, si elle eust esté gouuernee par vn Empire & personne seule. Car voyez vous, que depuis qu'elle fut changee de gouuernement, elle fut despoüillee de ses premieres forces de guerre qu'elle auoit? Mais bien au contraire elles luy accreurent, & asseurerent l'estat des Empereurs, tenant ordinairemēt aupres de leurs personnes, pour leur garde grād nōbre de soldats qui furent appellez Pretoriēs. Et auxvilles sēblablemēt, force trouppes qui les cōseruoiēt & de leurs ennemis & des seditions mesme qui s'esmouuoient entr'eux, donques il semble qu'il estoit plus probable que l'Empire Romain se peust conseruer plus longuemēt estant soustenu de ceste supréme au-

La garde des Empereurs appellez Pretoriens.

ctorité & gande majeste d'vn seul, que lors qu'il estoit códuit & commandé par vne multitude confuse qui l'eust plustost diuisé, deschiré & affoibly, s'il eust esté àttaqué par des ennemis valleureux, que retiré de ses miseres & accidents

Mais si la corruption des anciennes coustumes est la cause causante de la ruine de c'est Empire, pourquoy ne dirons nous qu'il eust esté aussi bien perdu & aboly s'il fust demeuré en la Repub; comme il ne se peust empescher de perdre sa liberté & franchise, l'auarice, l'ambition, & le trop de vice dont il estoit remply & corrompu, auant qu'il fust soubz la domination d'vn Empereur, furent les premieres & motiues causes de sa fatallité & non le changement de sa condition & gouuernement lequel estant de soy bon & vtile, ne peust apporter rien de mauuais à

Qui causa la ruine de la Rep. de Rome.

son effect. Quoy que neantmoins si nous voulons cõsiderer l'autre forme de gouuernement par Rep. Nous trouuerons que paraduenture il peut estre autant approuué que l'autre. Et desirant sur ce subject vous donner le choix libre, ie discoureray selon ce que i'ẽ sçay de l'vtilité qu'apportoit auec soy l'estat de Rep. Lequel tandis qu'il suiuit ses premieres ordonnances & methodes, executa ses grands effets & rudes deffaictes, & puis apres les voulant changer, tomba par sa presomption cõme vn Icare en decadence. Estant ceste reigle generale & veritable. *Que les estats sont conseruez, suyuant les mesmes maximes, auec lesquelles ils ont esté fondez.* Par ce que toute chose se conserue par autre chose semblable, & se corrompt par des contraires.

Qu'est-ce qui conserue l'Estat.

Sy les Romains auec leurs seules

forces & ayde de leurs Capitaines, auec l'authorité Ciuile, ont esté bastans & suffisans pour reduire soubs la volonté & obeyssance de leur Rep. tant d'estats & tant de Royaumes, quelle raison peut persuader qu'ils deussent puis apres deuenir plus foibles pour conseruer ce qui estoit acquis, où il y auoit moins de peine, moins de fatigue & moins de vertu.

C'est moins de peine de cõseruer, que d'acquerir.

Qu'est ce qui causa la ruine de l'Empire Romain.

Le peu de iugement & peu de preuoyance de plusieurs de ces Empereurs, ouurit & descouurit le chemin à la ruine de cest Empire, d'autant qu'ils permirẽt aux peuples Septentrionaux de se pouuoir habituer en diuerses prouinces de l'Empire comme par exemple il fut permis par *Honorius* à *Alaricus*. d'habiter en la France auec ses Gotes, & vn peu apres obtint encore d'autres Cités d'Espagne.

Tout de mesme il fut octroyé à d'autres Gottes par Valentinien, la Seruie & la Bulgere, lesquels peu à peu, par leur insolence se rendirẽt maistres de la Thrace, la Thessalie & la Macedone. Et ainsi s'estant accreus & aggrandis par la lascheté de ces Empereurs, il ne fut en leur pouuoir de les en chasser, ny de les empescher de s'approcher de l'Italie, ce que la generosité des Capitaines Romains, n'eusse iamais suporté lesquels en vne beaucoup moindre fortune, ne voulurent traicter de paix ny de tresue, auec le Roy Pyrrus qu'au preallable, il ne retournasse en son Royaume : & pour expulser Annibal apres s'estre long temps attaquez, battus, & defendus les vns & les autres, ils allerent en Espagne & en Affrique faire la guerre aux Carthaginois. Et pendant que cest estat se conserua la forme de

Generosité grande des Romains.

Inuention des Romains pour chasser Annibal de leur païs.

Rep. il ſeruit d'exemple à tout le monde,& de vertu, & de magnanimité & hardieſſe aux entrepriſes des choſes grandes & perilleuſes,& de conſtance pour les conduire à leur but pretendu & deſiré.

Mais auſſi toſt que la Rep. fut ruinee, & que la forme du gouuernement en fut changee, elle s'eſuanoüit peu à peu, & tout d'vn coup comme le Soleil ombragé par les nues s'eſclipſa faiſant comme ces vieux corps abbatus, qui manquât de chaleur naturelle, cedent aux premiers aſſauts qu'ils reçoiuent de leurs mauuaiſes humeurs.

I'allegucrois icy pour preuue de ce fleuriſſant eſtat mille exemples de ſa bonne conduicte aux affaires, principalement de la guerre & de leurs victoires ineſperees, ſi ie ne craignois vous eſtre par la longueur de ceſte ſuite pluſtoſt faſcheux &at-

tedieux,

tedieux, qu'agreable & desireux. C'est pourquoy ie toucheray seulement par la superficie, les rencontres & les occasions où il a faict reluire sa grandeur, comme quand il fut de besoing de s'opposer contre Attilla qui estoit descendu auec vne puissante armee en France, & contre Atalaricus, Roy des Gots, qui auoit assiegé l'Italie, & d'autres fois il fut contraint de faire la guerre contre ses Capitaines, qui voyās le chemin de discorde & de discention ouuert, prindrent les armes contre leur propre estat, & neantmoins en toutes ces esmotions qui luy arriuerent pendant son estat de Rep. Il demeura tousiours & maistre & vainqueur.

Comme l'estat de la Rep. de Rome en estat de Rep. s'est conserué.

Et aussi tost que sa forme fut chāgee en vn Empire, incontinent ses generositez & premieres vaillāces, furent changees en timiditez,

Comme le changement de condition de la Rep. de Rome. changea aussi les Romains.

laſchetez, & coüardiſes: Ces meſmes Romains fleurs de toutes nations oubliant leurs naiſſances, leurs honneurs & bonnes fortunes, commẽcerent à ſe forligner & degenerer de leur premier ſang & ancienne vertu, comme s'ils euſſent voulu monſtrer que tout ainſi que l'Empire eſtoit changé qu'il falloit auſſi que tout ſe reſſentit de ce changement, car, *à l'exemple des Rois, le peuple ſe conforme.*

Regis ad exemplum totus cõponitur orbis.

Diſcorde des ſoldats Romains.

Et particulierement, le changement ſe fit veoir ſi appertement au deſordre des bonnes & anciennes couſtumes militaires, & à la licence abandonnee des ſoldats, qu'il ſembloit que ce gouuernemẽt fut pluſtoſt conduit par l'aduenture & cas accidentel, que par la bonne police & inſtitution des loix pour le biẽ public. Auſſi le ſuccez de leurs affaires eſtoit touſiours à leur confuſion

& ruine entiere, car leurs soldats les païoyent d'infidelité, & fauorisoiét aux despens de leurs maistres, leurs ennemis comme il arriua au temps de l'Empereur Theodose, lequel fut trahy par les soldats de sa garde, qui firét passage aux Vandalles pour passer en Espagne, qui du depuis fut occasion d'autres ruines pour l'estat. Mais au temps de la Rep. les Capitaines & les soldats Romains combattoient pour leur propre grandeur & augmentation de fortune, car les nobles deuenoient illustres & puissans, & le peuple (vn des chefs de la guerre auec le Senat) s'acqueroit de l'honneur & du profit, adioustant à leur domaine, ce que leur valeur leur acqueroit.

Theodose trahy par ses soldats.

*F*inalement le desir de la liberté & de la gloire, leur enfloit tellement le courage, qu'ils se faisoient admirer par leurs ennemis. Et comme ces considerations & respects furent leuees par le changement de l'estat, & que la milice deuint mercenaire, & la licence des soldats (comme i'ay dict) desmesuree par la faute de leur Capitaine qui leur permettoit toutes choses brutalles, pour gaigner leurs volontez, souz intention de troubler l'Empire, les armees Romaines deuindrent viles & humbles deuant leurs ennemis, & insolentes cõtre leur propre Seigneur, graues & altierez à leurs Prouinces alliees, & foibles pour les cõseruer & defendre des armees estrãgeres. Toutes lesquelles choses estans engendrees par le changemẽt d'estat & gouuernement, furent aussi cõduictes à leur fin miserable, par le seul mesme suject. Car d'obiecter que du temps de la Rep. les Romains n'eussent esté assiegez par les peuples Septentrionaux, cõme

Obiection foible à la Rep. Rom.

du depuis ils furent souz les regnes des Empereurs, l'on respont qu'ils n'eurent moins d'affaire cōtre leurs ennemis, qu'ils en eussent eu contre les peuples Septentrionaux, tesmoing les rencontres de Iulles Cesar en France, celles de Marius contre les Cymbres, peuple Barbare, qui cherchāt de s'habituer en quelque demeure, voulurent occuper l'Italie, & destruire la cité de Rome. Ce qu'ils ne peurent faire ny par force, ny par amitié & confederation, comme le firent les Gots du temps des Empereurs. Neantmoins desirant mettre fin à ce discours, ie diray que la conseruation des estats, des Royaumes, & Rep. ne depend point de la forme du gouuernement en tant qu'il soit gouuerné, ou d'vn seul, ou de peu de personnes, ou de plusieurs, puis que de l'vne & de l'autre forme il y

Dont despend la conservatiō des estats, Royaumes & Rep.

a des exemples de plusieurs Empires augmentez & conseruez. Mais seulement despend des bõnes loix, » polices & ordonnances particulieres, principalement aux affaires de la guerre, qui n'ont autre fondement que celuy-là, comme il apert par les gouuernemés de plusieurs Tyrans, qui auec leurs violences, n'ont laissé de paruenir au comble de leurs desirs.

C'est pourquoy ce ne seroit qu'vne folie de vouloir profonder plus auãt la cause de la ruine de cest Empire, & sera plus à propos de remettre ces grands euenemens là, & causes secondes au iugement & volon- » té de celuy qui commande aux pre- » mieres, & qui regit & gouuerne les » estats & les Empires de ce mõde par » des moyens conformes aux obligations qu'il a au genre humain.

Quelle fut la cause qui empescha les Grecs d'agrandir leur estat, comme ont faict les Romains.

Chapitre XIII.

Entre toutes les nations qui ont eternisé leur memoire du temps de l'antiquité, deux principalement ont tenu le premier rang à sçauoir celle des Romains, & celle des Grecs : égalles toutes deux en faits & exemples de singuliere vertu : mais assez dissemblables en la possession & iouyssance de leur souuerain bien & Empire. Car les Grecs, outre qu'ils ne s'agrãdirẽt iamais à l'égal des Romains, encore ne se conseruerent-ils pas long temps en leur païs, leur premiere splendeur. Et les Romains dominerent presque tout l'vniuers, & regnerẽt en ce triomphe plus de mille cent ans, auquel temps la ville

Quelles nations ont le plus excellé.

Difference de la Rep. de Rome, & de celle des Grecs.

de Rome fut pillee & saccagee par les Gots. Voyons maintent pourquoy en semblable vertu, la fortune de ces deux Peuples a esté si differente: en toute la Grece generalement & particulieremẽt aux Prouinces, il se trouua autãt de personnages valleureux & sçauants aux choses ciuiles & militaires, qu'en Italie, tesmoin Milciades, Themistocles, Aristides, Agesilaüs, Fociõ, Alcibiades, Leonidas, Epaminondas, & plusieurs autres desquels la renommee nous sert auiourd'huy de modelle pour nous inciter à la vertu. Plutarque ayant descrit les vies des plus excellans personnages Romains, les parágonna à ces grãds Capitaines Grecs en vertu & merite, neantmoins la Grece ne paruint iamais par les faits de ces personnages à grãde faueur ny fortune, cõme l'Italie fit par la generosité de ses Peu-

La Grece auoit autant de personnages valleureux que Rome.

ples, attribuāt la diuersité de ses succez, non à la fortune ou accidēt intrinseque à la nature humaine, mais à certaines raisons naturelles que ie vous feré voir. La Grece fut diuisee en plusieurs peuples, lesquels se gouuernoient chacū selō leurs loix particulieres, & ordonnances Ciuiles, en forme de Rep. mais bien differente : & s'assembloient aux affaires importantes de chaque Cité des deputez, (en forme de la diette d'Alemaigne) pour resouldre leurs dessains & leurs matieres proposees, ce qui leur apportoit tant de contrarieté en leurs resolutiōs & entreprises, que ce n'estoit chose estrange de les voir si mal reussir en leurs affaires : d'où les Romains sortoient heureusement à cause de leur bons reglements & Repub. bien ordonnee. Ils entrerēt encore en ialousie, Prouinces contre Prouinces, & la

Quel estoit le gouuernement de la Grece.

Ialousie des Prouinces de Grece l'une contre l'autre.

mesiance se glissa parmy eux en telle sorte, qu'ils s'opposoient les vns aux autres à toutes leurs resolutiós, & principalement ces deux Prouinces d'Athenes, & de Sparte, qui se conseruerent assez long temps en égale puissance & grãdeur, quoy qu'elles receussent de grãdes d'effaictes: celle de Sparte ce preuallant en ses forces terriennes, & celle d'Athenes aux Maritimes, & par ceste égalité maintindrent les forces de la Grece diuisees, qui à ceste occasion ne peurent iamais estre employes à leur agrandissement ny entreprises estranges, se trouuant assez empeschees de prouuoir à leur mal propre, comme il arriua aux Atheniens lors que feignant de secourir les Leontins, ils passerent sus la Sicille pour s'acquerir l'isle mesme pour eux, dont ils furent diuertis & destournez par ceux de

Pourquoy les forces des Grecs ne furẽt employees aux conquestes.

Sparte qui leur firent teste, & allerent assaillir la ville mesme d'Athenes pour diuertir leurs forces de ceste entreprise. Le semblable arriua lors que ces peuples mesmes induirent les Egiptiens à faire la guerre contre le Roy de Perse, où s'estát portez en personne pour les assister, ils furent assaillis par les Lacedemoniens, qui ialoux du bien de leurs voisins, prirent les armes pour leurs propres ennemis, contre ceux de leur patrie: toutes lesquelles animositez & enuies les vns sur les autres furent cause que la Grece ne se fit si puissante qu'elle eust fait si elle eust esté vnie en volonté & affection populaire, car tout ce qui s'ensuiuoit de perte d'vn costé & d'autre estoit tousiours à la confusion & deffaicte de la Grece; mesme la renommee & reputation de ses victoires, demeuroit effacee &

Exemple de ialousie des Prouinces d'Athenes & de Sparte.

Ialousie des Lacedemoniens contreeux mesme.

cancelee par les mesmes Grecs vaincus, par ainsi elle ne se rendit redoutee de toutes ces nations comme fit l'Italie, laquelle apres s'estre accreuë de l'authorité par la vertu des Romains, fut vnie en vne seule force & seule puissance, de sorte que se qui apportoit de la loüange aux Grecs, (à sçauoir de ce qu'ils auoiét plusieurs Resp.) leur retourna puis apres à blasme & dommage. Ce qui peut estre leur aduint, en punition de leur arrogance & presomption qui estoit si grâde, qu'ils croioyent q̃ par quelque droit & priuilege naturel, toutes les autres nations leurs fussent sujectes & obeïssantes, les appelât toutes barbares. Ainsi ceste grande ambition & emulation se tourna contre eux mesme, qui ne se voulant parangonner & égaler les vns & les autres, furent aucteurs & nourrissons de leur propre mal-

Arrogâce & presomptiõ des Grecs.

heur. En tesmoin dequoy j'aleguerois l'exemple de Pausanias l'vn de leurs Capitaines, qui apres auoir rẽporté la victoire sur les Perses, presentant en signe de resiouissance & d'action de grace, au temple d'Apollon en Delphe, le Tripied d'or, fut par les autres Grecs, au lieu d'estre loüangé & recompensé de ses bien-faicts, renuoyé honteusemẽt, & son nom biffé & rayé, faisant mettre en sa place tous les autres peuples leurs confederez qui s'estoient trouuez en ceste victoire.

Ialousie des Capitaines Grecs les vns sur les autres.

Et Alcibiades auoit de coustume de dire que les triomphes de Milciades, luy trauailloiẽt l'esprit nuict & iour. Themistocles aussi, Aristides, Alcibiades, & Nicias, & plusieurs autres valleureux Capitaines Atheniens se portoient vne si poignante hayne, qu'ils portoient perpetuellement en contention les vns

Dictū d'Alcibiades remarquable.

& les autres, & firent à ce ſubiect vn banniſſement de dix ans, pour ceux qui par leur bonne fortune, s'eſtoient aduancez plus que les autres : comme firent Themiſtocles, Alcibiades, & Pericles, d'où Xerces fauoriſant telles perſonnes exilees, ſouloit dire qu'il prioit Dieu que tous ſes ennemis fiſſent la meſme loy d'exil & banniſſement en leur eſtat.

Paradoxe remarquable de Xerces.

Dauantage ils auoient de couſtume, encore pour repugnance de l'vnion de leur peuple, la diuerſe forme de gouuernement, quelques Citez retenant du populaire, comme celle d'Athenes, & d'autres retenant de l'eſtat des Otthimiens, cõme Sparte, ce qui produiſoit & enfantoit aux cœurs des Citoyés pluſieurs penſees & mauuaiſes couſtumes, tellement qu'à peine vne meſme choſe pouuoit cõplaire à tous, la mesurant à leur seule considera-tion, & non à celle des autres. Aussi lors que du temps de Lysander Roy de Sparte, la Cité d'Athenes fut pri-se, l'on changea la forme de gou-uernemēt, la reduisant de l'estat po-pulaire où elle estoit, sous l'autho-rité de quelques vns à la forme de celuy de Sparte. Et quelque temps apres les Spartes estāt contraincts de subir les mesmes accidents des autres Grecs, & obeyr au Roy de Macedone : furent aussi forcez d'a-bolir & oublier les loix & institu-tions que Lycurgus leur auoit don-né, ainsi leur mauuais moyen de re-gner & de gouuerner leur estat, les ruina sans l'aide de leurs ennemis. Et quant bien ce desordre ny eust esté si grand, tousiours eussent ils cedé aux Romains pour la discipli-ne militaire, par ce que les Romains n'ont iamais faict tant d'estat d'au-

Prise de la Cité d'Athenes.

Cité de Sparte reduite sous le Roy de Macedone.

La milice des Romains mieux police que celle des Grecs.

Arts liberaux fort recommandez parmy les Grecs.

La Poisie & la peinture tiree des Grecs.

cune vertu que de cello de la Milice, ne s'estudiãt point aux arts liberaux, ce qui estoit cause qu'on pouuoit tirer de la Cité seule de Rome vn grand nombre de soldats disciplinez & endoctrinez aux maximes militaires. Mais parmy les Grecs les sciences, & des lettres, & des arts liberaux, y estoient plus prisees que celles de la guerre. Ce que nous voyons, par les regles de la Poisie qui sont tirees de leur inuention, & par l'excellence de la peinture qu'ils nous ont laissé pour en apprendre de la cognoissance, & les immortaliser comme sont à present les noms de Fidias, Polliclerus, Parasius, Zexis, & ce grand Appelles qui nous appelle par son pinceau subtil à la subtilité de cest art, & à l'admiration des beaux esprits de Grece, plus adõnez aux sciences mequaniques, & arts liberaux, qu'à la perfection des

des armes : encores que les Citez de Sparte & Athenes, aient eu quelque peu plus de notice, que les autres, auec peu de profit, veu que la Cité de Sparte s'estudioit plustost à la deffẽce de soy-mesme qu'à son augmentation, à cause de la necessité où les Citoyens estoient reduits, qui estoit si grande qu'elle leur fist defẽdre le commerce auec les estrangers, de peur qu'ils ne corrõpissent les coustumes & les loix de la Patrie, & changeassent la vie retiree, à laquelle ils estoient si nourris & accoustumez, qu'elle leur auoit osté toute ambitiõ, de biens d'honneur & d'augmentation de fortune.

Mais il semblera peut-estre à quelqu'vn que les euenemẽts heureux que les Grecs ont eu aux guerres auec les Perses, les ayent assez recommandez, pour estre égalez aux Romains ? à quoy ie respondray qu'il ne faut douter que les guerres qu'ils ont eu auec les Barbares ne doiuent estre estimees loüables & aduantageuses pour eux, mais non pas que pour cela, en aucune façon ils se deussent égaler & balancer auec les Romains, lesquels sur toutes les nations ont sceu se qui concernoit la vraye milice, & l'ont si bien exercée qu'ils ont dominé où ils ont voulu de l'vniuers. Et les Grecs n'ont remporté victoire sur les Perses, que par ie ne sçay qu'elle opiniatreté & constance obstinee de defẽdre leur païs de l'eminẽte seruitude des Barbares, dont la crainte leur dõnoit des aisles contre tout peril & dãger. Ce qu'ils ont assez fait voir par leurs effects en plusieurs endroits & rencontres. Et outre ces considerations, il peut estre que la memoire de leurs faicts aye esté augmentee par leurs historiens, lesquels amplifiant le suject

Inegalité des Romains & des Grecs.

Timor addidit alas.

(comme c'est la coustume de ceste nation) se sont essayez de raconter non seulement ce qui leur apportoit de la gloire: mais aussi les orner & lustrer, pour les faire voir plus dignes de loüange & d'imitation. Ce qui donna occasion à Saluste de dire au commencemēt de son histoire (lors qu'il rend raison pourquoy il a descript son traicté) que les Romains sembleront moindres & inferieurs aux Grecs à cause du peu de nombre d'Historiens qui se trouuera parmy eux, qui s'adónent aux lettres. Où au cótraire parmy les Grecs leurs vertus & leurs faicts seront ressonnez non du tout selon la verité, mais selon l'excellance des esprits de ceux qui les escriront.

Pourquoy les Romains sēbleröt moindres aux Grecs.

Les Romains ont eu vn soin tout different à celuy des Grecs, car ils ne desiroient qu'amasser vn grand nōbre de soldats, à quelle fin ils esta-

A quelle fin l'Asille fut institué à Rōme.

blirent l'Asille à Rome, où l'on receuoit tous ceux qui auoient esté exillez de leurs Prouinces, & les receuoient puis apres au nombre de leurs Citoyens.

Maintenant si nous considerons ceux auec lesquels les Grecs ont combatu, nous trouuerons vne toute differente chose, que ce que les Romains ont faict: car au lieu de se rendre maistres de leurs ennemis comme ceux cy ont faict, ils ont esté vaincus & assubiectis à l'obeissance de leurs ennemis: comme de Philippe pere d'Alexandre, lequel estant appellé par des peuples de Grece, pour les secourir cõtre d'autres de leur patrie, les chastia les les vns & les autres de leurs fautes & se rendit Roy d'vne grande partie de toute la Grece, & apres luy d'Alexandre son fils qui fut d'vne telle valleur que non seulement les

Philippe Pere d'Allexãdre faict Roy d'vne grand partie de Grece.

peuples voisins: mais aussi tout l'Orient trembla sous son nom, & finalement furent reduicts en vne si grande misere & tyrannie, par Alexandre, qu'ils furent contraincts de recourir à l'aide & secours des Romains pour chasser de leurs païs Alexandre comme, fit premierement Athenes, ce qu'ils impetrerent aisement des Romains qui ne demandoient qu'vn iuste pretexte pour faire preuue de leur generosité, telle qu'estoit l'assistance qu'ils rendoient à des peuples affligez contre leurs ennemis. Mais en cela leur artifice estoit grād en ce qu'ils vouloient faire croire qu'ils ne demandoient autre fruict de leurs peines, que la gloire qu'ils remporteroient de leurs victoires, par lequel moyen ils captiuerent les cœurs des Grecs, lesquels apres les auoir deliurez du ioug de seruitude où Ale-

Alexandre chassé de Grece par les Romains.

xandre les auoit mis, les remirent en franchise & premiere liberté & à leurs loix & maximes dót ils auoiét vescu, leur donnant seulement des garnisons de leurs propres soldats en plusieurs terres de passage pour leur vtilité & seruice, craignát que deliurez des mains d'Alexandre, ils ne tombassent en celles d'Antigonus puissant Roy de l'Asie. Et neantmoins soubz ceste couuerture ils s'asseuroiét de la foy des Grecs, lesquels quoy que desireux de nouueauté au preiudice des Romains, ne pouuoient l'effectuer sans leur vouloir & consentement, & par ainsi furent obligés de suiure leur fortune, & recognoistre que tout leur bien & leurs salut, ne despendoit que de la vertu des Romains.

Inuention des Romains pour faire prendre des garnisons aux Grecs.

Si l'Ostracisme, dont les Atheniens ont vsé pour la conseruation de leur Rep. a esté chose iuste & vtile pour eux.

Chapitre XIIII.

IL fut ordóné en quelques Rep. anciennes, que ceux qui deuanceroient les autres Citoyens, soit en richesses, soit en gloire, soit en nombre d'amis, soit en puissance ciuile, ou en quelques autres vertus seroiét exilez de la Cité, non comme criminels & par inionction de peine, prouenant de delicts, mais seulement pour le bien & profit commun, afin que se conseruant en égalité les vns & les autres comme vne consonáce de tons bien accordez, entre les Citoyens, le gouuernement & l'estat en demeurat plus longuement en son entier. Laquelle coustume fut particulierement obseruee par les Athe-

Ordónances en plusieurs Citez & Rep. anciẽnes de bannissement pour ceux qui surpasseroient les autres.

niens au temps que leur Rep. fleurit le plus ayant institué contre ces personnes qui surpassoient les autres, vn bannissement pour dix ans; laquelle loy ils appelloiẽt communement Ostracisme dont il semble qu'Aristote aye voulu parler au troisiesme liure de ses Politiques. Laquelle loy d'Ostracisme ie debatray & approuueray par ces raisons, disant pour sa confirmation, que rien ne peut estre plus necessaire à la conseruation d'vne Cité, & principalement d'vn estat en forme de Rep. que l'égalité entre les Citoyẽs, de laquelle tant plus que le temperamment est excellent, & les loix bien obseruees, d'autãt plus sera de duree & de repos la Rep. laquelle ressemble au corps humain composé de plusieurs elements, & diuisé en plusieurs membres, lequel suiuant que chacune qualité ele-

Que c'est que l'ostracisme des Atheniẽs.

L'égalité des Citoyens conserue l'estat.

Cõparaison de la Rep. au corps humain.

mentaire faict bien sa fonction & les membres y sont bien proportionnez, se conserue longuement : Ainsi ceste Rep. où tous Citoyens tiennent vne authorité & fortune moderee & bien proportionnee, se conserue d'auantage, & par ce moyen s'exempte de la contagion des seditions ciuiles : car encore que la teste & les yeux soient les ornemens du corps, neantmoins s'ils estoient plus grands que leur forme naturelle le requiert, ils osteroient plustost la bien-seance & la beauté dudict corps, qu'ils ne l'embelliroient, & cependant il semble que la grandeur & perfection d'vne Cité, soit d'y auoir des personnes de grands moyens & experience aux sciences politiques, à qui l'on commette les charges & les dignitez de la Republique. Toutesfois ceste raison soustient le contraire, & dict que ceste preeminence sur les autres, gaste la proportion du tout, & represente l'aspect, non d'vne cité d'hommes libres, & participans d'vn mesme gouuernemẽt, mais d'vne forme de tyrannie souz plusieurs Seigneurs. Partant tous les Legislateurs ont eu principalemẽt esgard à reduire toutes les choses, tant qui leur estoit possible, en vne egalité en l'estat qu'ils ont desiré rendre politique, tranquile & durable. Iusqu'à là, que Platõ pour leuer toute occasion de discorde, voulut qu'en la Rep. qu'il se proposa de former en estat tres parfaict, tous les biens fussent mis en commun, & qu'õ ne parlast du nom de riche & de pauure, ains seulement de Citoyens d'vne mesme patrie, & qui viuent souz vne mesme Loy. Et les Atheniens voulant preuoir aux inconueniens qui arriuoient par la

Opinion de Platon pour former vne Rep.

difference de la condition des Citoyens, qui enfantoit tousiours quelque nouueauté, ordonnerent cest exil de dix ans pour ceux qu'on soubçonneroit estre les autheurs du trouble. Et certainement qui recherchera soigneusement les origines des maux qui ont interieuremét trouble les Republiques & autres estats, tant anciens que modernes, il trouuera que de ceste racine sont produictes les confusions & les desordres, qui ont conduict plusieurs estats à leur derniere ruine.

En la Rep. de Rome (que l'on peut imiter en toute chose (qu'est-ce qui fit naistre toutes les partialitez, & corruptions des bonnes mœurs & coustumes, sinõ pour auoir laissé trop croistre l'authorité & la puissance d'aucuns Citoyés, lesquels pour estre trop long temps

Qui causa les partialitez à la Rep. de Rome.

continuez en leur commandement militaire, deuindrent si grands que la Rep. n'en peut iouïr, & à la fin peruertirent tout ce gouuernemẽt, d'où vint qu'on disoit que Cæsar & Põpee ne vouloiẽt auoir aucun superieur en la Cité, ny mesme cõpagnõ qui les egallast. Et Catõ disoit que la grãdeur immoderee de Cæsar estoit cause de l'aduãcement de Põmpee, afin qu'il eust pour luy faire teste, ainsi apres vn inconuenient plusieurs autres suiuent facilement.

La fortune ne veut point de compagnon.

Le mesme encore aduient aux estats qui ne sont gouuernez par forme de Rep. où il n'y a qu'vn Prince qui regne, & où plusieurs Seigneurs particuliers croissent en dignité & faueur, qui puis apres (nourrissant dans leurs ames des desirs de commander) recherchent quelquefois les moyens de le faire au destriment de leur estat : par ainsi le conseil de quelque Prince a esté trouué bon & sage, de n'admettre les personnes suspectes aux charges importantes, & de refrener les Prouinces rebelles, par l'abolissement de leurs priuileges & franchises.

Que l'on ne doit admettre aux charges importantes les personnes suspectes.

Vn certain grand Capitaine nômé Gonsalue, apres auoir faict de tres-signalez seruices au Roy Ferdinand, iusques à reduire souz sa domination le Royaume de Naples, fut en recompense de ses merites, depossedé de toutes ses charges & honneurs, & remis en vne vie priuee, de peur que la presomptiô ne le portast à troubler l'estat de Ferdinand son maistre.

Il y a plusieurs autres aduertissemens donnez pour ce subject, souz certaines figures, comme par Periandre, à Thrasibule, & par Tarquin le superbe à son fils Sextus, à sçauoir, *Qu'il deuoit couper les plus hau-*

Figure de Periandre remarquable.

tes espines de son champ. Voulant dire par là qu'il n'estoit pas besoing de laisser croistre les hommes beaucoup par dessus les autres, ce qui semblera tenir de l'estat tyrãnique, mais, neantmoins s'en seruant auec prudence & discretion, il semblera tout contraire: Car l'interest particulier doibt ceder au bien public, & à la conseruation de la paix vniuerselle de l'estat. Ce qui se peut faire par les voyes ordinaires, & par les loix (, cõme les Atheniens le faisoient) & ny a rien en vn estat qui aye plus besoing d'estre guary par la medecine des loix que l'ambition, car depuis qu'elle a plãté ses racines dans les cœurs des hommes, iamais elle n'en sort que par la viue force, & auec le temps les rend comme frenericques: de sorte que l'ambitieux desire tout & ne trouue rien qui le saoulle, Ce qu'à bon

Le particulier doit ceder au public.

L'ambition n'a point de mesure.

droict & iuste occasion les Atheniens ont tasché de corriger en leur Rep. par leur Ostracisme salubre pour la guarison d'vn tel mal, recognoissant qu'en ce temps là, la Grece abondoit en hómes valleureux & dans lesquels l'ambitió auoit fait sa demeure & son siege, ne se plaçãt iamais qu'au cœur des plus genereux.

L'ambition se loge aux cœurs genereux.

Et comme elle ne se peut desraciner par loix seullement de, N'*enuier rien*, par ce que la moindre estincelle qui demeure est suffisante pour brusler beaucoup. Ils trouuerét ce remede du quel nous auons parlé de chasser pour vn tẽps tous ceux qui se trouueroient estre desireux de surmonter les autres.

Platon dit qu'vn sage & arresté esprit, ne souhaitera jamais d'estre admis aux grandes charges & empires, & que celuy qui a le desir, en doibt estre chassé. Mais de bannir

Note ceste sentence.

aussi d'vne Cité toute la noblesse, & tous ceux qui sont riches, comme font auiourdhuy les Turcs, & ont faict autrefois plusieurs Princes: cela me séble retenir du barbare & tyran, encore qu'il en soit bié reüssi à plusieurs de ceux qui s'en sót sceu seruir discret emét. Et quant à l'exil pour vn temps terminé, il faict reussir aucunesfois vne telle temperature, que l'estat en reçoit du profit, & la persóne exilée point de blasme & deshonneur, car ce qui faict cómunemét reputer l'exil vne chose mauuaise & diffamatoire, c'est la qualité mauuaise qu'ó y adiouste, lors qu'il est ordonné à quelqu'vn pour peine & chastiment, lequel en ceste qualité, séble imprimer à la personne vn caractere perpetuel de sa mauuaise vie qui doit estre abhorrée des hómes les pl⁹ meschás. Mais estre priué des charges pour vn temps, cela sert aucunefois

aucunefois à l'homme, lequel par ce moyen est dispensé des occupations de la Cour, & donne son estude à soy mesme, qui est le plus grand bien que la personne puisse auoir en sa vie, dont le Philosophe dit, que le diuertissement des honneurs à l'hôme sage, sert d'vn zephir gratieux pour la pousser doucement au port tranquille de son esprit; ainsi l'Ostracisme des Atheniés fut vne chose bonne & loüable, & digne d'estre suiuie. Mais me ressouuenant qu'en la proposition que i'ay fait de ce traicté, i'ay promis d'affirmer l'affirmatiue de cest Ostracisme, & soustenir aussi la negatiue, quant à l'affirmatiue, ie pense y auoir satisfaict; & quant à la negatiue, ie diray pour la soustenir, qu'il n'y a rien de plus necessaire pour la conseruation d'vne Cité & d'vn Estat, que la iustice, sans laquelle nulle Cité non seule-

A quoy sert le diuertissemēt des honneurs à l'hōme sage.

La Iustice necessaire pour vn estat.

ment se peut maintenir : mais peut meriter le vray nom de Rep. ny de Principauté: par-ce qu'abolissant le vray estre d'vne chose, elle demeure matiere difforme, auec la seule corruption. Mais ceste Iustice distributiue, tant importante au souuerain bien d'vn estat n'est pas chose approuuee de toutes les bonnes coustumes où il faut obseruer la proportiõ Geometrique, & nõ Arithmetique, en telle sorte que les honneurs & charges d'vne Cité ne soiẽt cõmises indistinctemẽt à toutes personnes: mais seulement à ceux qui les ont merité par quelque bonne vertu & qualité qui soit en eux. Par ainsi le gouuernemẽt où l'Ostracisme des Atheniens est introduict, est subiect à tout chãgement & reuolte, parce qu'il desplaist merueilleusement aux plus grands d'vne Cité de se voir sujets à vn bannissement,

Comme l'Ostracisme des Atheniens estoit nuisible.

& à la ruine de leurs grãdeurs, ce qui les rend le plus souuent seditieux & disturbateurs du repos de leur estat qu'õ à veu tousiours arriuer en plusieurs Citez d'Italie, où les exillez, ont seruy d'instrument pour les trauailler & reduire en seruitude. Et qu'estoit ce autre chose cest exil, que la loy des Atheniens qui n'a iamais esté que mauuaise, & à la fin mortelle, qui ne pouuoit seruir qu'à esmouuoir des troubles & coniurations, ce qu'estant cogneu par l'experience aux Atheniens, ils l'anullerent à cause qu'elle estoit deuenuë telle qu'en vertu d'icelle ils chassoiẽt autant ceux qui auoient des animositez particulieres, que ceux qui taschoient de s'agrandir sur les autres, cõme il fut fait à Hiperbulus hõme d'humble condition qui fut chassé pour estre ennemi d'Alcibiades, & de Nicias. Et quãd bien ils n'en eussent vsé que cōtre les personnes les plus remarquables, & plus conuoiteux d'hōneur, cōme ils auoient accoustumé pour reduire toutes les choses en égalité, l'acte de soi ne laissoit d'estre iniuste, violent, & contre la nature mesme, laquelle non seulement à creé tāt d'especes diuerses, mais encore à celle de mesmes espece a dóné des instincts diuers & proprietez occultes, dōt les vns ont plus ou moins reussi en certaines vertus. Ce qui se voit non seulement parmy les hōmes, mais parmy les animaux & les plantes. Et cōme ceste égalité ne se peut rencontrer aux persōnes, aussi de vouloir en vn gouuernement, donner des choses egales aux personnes disegales, c'est vne iniustice : & conuient obseruer aux distributions des honneurs & grades de la Cité la proportion Geometrique, & nō Arithmetique.

Chaque espece a son instinct propre.

Et croire que le riche peut aider la Rep. par ses richesses, le puissant par le nombre de ses amis, & celuy qui s'est aduancé sur les autres, l'a faict pour auoir biẽ serui son estat, ce qui luy pourra encore aduenir en d'autres occurances profitables à sa patrie & à son Prince. Tellement que de chasser telle personne de la cité n'est autre chose que de vouloir couper & separer du corps les membres qui luy sont necessaires.

Donques telle institutió ne peut auoir lieu qu'aux estats des tyrás cõme de Thrasibule & Tarquin le superbe, lesquels se voulás maintenir en vn estat vsurpé deuoient auoir pour suspects les pl⁹ fameux & plus apparens de leur estat pour leur seureté: & ne doiuent estre immitez ces exemples par vn Prince iuste, d'autant qu'ils seroient pernicieux en vn gouuernemẽt politique, ou la puissance des Citoyens, & la grandeur des Seigneurs en vn Royaume, peut seruir en plusieurs occasions pour le salut de la Cité & de leur estat, pourueu qu'ils n'abusent point de leur grãdeur, à quoy doit prouuoir la Loy de leuer l'abus des choses & non les choses mesme : quand de leur essence elles ne sont point mauuaises : Et si l'authorité que tenoient les Capitaines Romains aux armees eust esté bien reglee, Cesar n'eust iamais vsé de meschanceté contre la Rep. & n'eust esté besoin d'exalter Pompee pour le contrequarrer. Donc pour resouldre entierement ceste question, l'on pourra dire ainsi, qu'il ne se peut nier que la trop eminente grandeur des Citoyens en vne Cité, & des Seigneurs en vn Royaume, ne soit suspecte & dangereuse: mais que pour obuier à tels maux, il falloit rechercher d'autres remedes que celuy des Atheniens, qui n'est autre chose que de laisser enuieillir la playe pour puis apres estre contrainct d'y mettre le feu, ou la couper pour auoir guerison : ce qui ne se doit faire qu'aux extrémes maux où l'on apporte les remedes extrémes. Mais en vn estat

L'abus des choses est mauuis & nõ la chose.

Extremis morbis extrema sunt adhibenda remedia.

bien reglé, la Loy & le Prince doiuent estre les remedes, & doiuent prendre garde de ne laisser enuieillir le mal, ains le preuenir auant qu'il soit faict, & en couper la racine & le fondement, & ne permettre à ceux qui le vueillēt cōmettre de commander plus longuemēt aux charges desquelles ils abusent, & si c'est quelqu'vn qui se preuaille de ses richesses, luy conuiendra donner des honneurs subiects à la despence, s'il s'est acquis trop d'authorité à la Cour, ou auec le peuple le faudra enuoyer exercer loin de là, & luy faire changer souuent de demeure, s'il est presomptueux pour auoir faict quelque genereuse action, luy en donner de si difficiles à executer, qu'y manquant, le peuple diminuë la bonne opinion qu'il en auoit, s'il est fort ambitieux, luy faudra donner des charges & honneurs qui d'apparence soient grands, & en effect de nul profit. Et parmy ceux de la Iustice s'il se commet aussi quelque excez, il faudra y preuenir par la seuerité & diminutiō de leurs priuileges & franchises, les declarant pour vn temps inhabiles d'exercer leur charges. Et autres semblables remedes les-

Venisti occurrite morbo.

Le remede pour obuier aux maux que la presomptiō faict naistre à vn estat.

quels estant operez par quelque iuste occasion, seront trouuez bons par le peuple, quoy qu'vn peu rudes à ceux ausquels ils seront appliquez.

Doncques le conseil des Atheniens touchant leur Loy de l'Ostracisme ne peut estre ny loüé ny suiuy, quant au faict: mais bien recommandable & digne d'estre immité quant à l'intention, à sçauoir de preuoir que l'ambition, & la malignité de quelqu'vns n'apportast de l'empeschement au repos de plusieurs, & ne confondist tout l'estat.

Fin du premier Liure.

LIVRE SECOND

A SCAVOIR SI DU temps de Charles huictiesme Roy de France, les Princes Italiens eussent bien faict de prendre les armes contre luy, lors qu'il s'aprestoit pour s'en retourner en France, apres s'estre acquis le Royaume de Napples.

CHAPITRE I.

ENtre toutes les choses passees à la ruine & dommage de l'Italie, & qui luy a apporté le plus de desplaisir, & dont la memoire luy est encore recente, c'est l'arriuee de Charles huictiesme Roy de France, au Royaume de Napples, & la prise qu'il en fit, qui

Prise de Naples par Charles 8. Roy de France.

depuis ce temps là, a esté cause que ceste nation Oltramontane ne s'est iamais sceu reauthoriser, comme elle estoit auparauant : Et ce qui en augmentoit & accroissoit la douleur d'auantage aux esprits de ceux qui auoient quelque generosité sur les autres, & excellence sur le commun, estoit de voir que leur ruyne n'estoit causee que par eux mesme, lesquels inuoquerent le secours des nations estrangeres, pour se destruire & desmembrer eux mesme.

Qui fut celuy qui inuoqua le secours du Roy Charles 8. en Italie.

Nos armees donc Françoises passerent en Italie au temps (que nous auons dit) par les prieres & importunitez des requisitions de secours faictes par Loys Sforce, & plusieurs autres Italiens, au Roy Charles huictiesme duquel la valeur l'obligeoit à ne point refuser sur les prieres qu'on luy faisoit, ce que luy-mesme pouuoit desirer comme il fit à ce sujet. Mais comme les choses humaines sont mouuantes, & principalement les affections des hommes, ils se rallierent apres auoir recogneu leur faute, & renouuellerent leur confederation, pour s'opposer aux desseins & resolutiōs que le Roy Charles auoit pris pour retourner en son Royaume, où il trouua l'obstacle des Princes confederez d'Italie, au bort du Tarre pour luy fermer le passage & le combatre, & s'estoient liguez pour c'est effect, le Pape, le Roy des Romains, l'Espagne, la Rep. des Venitiens, & le Duc de Millan.

Et ceste resolution arrestee à Venise par Ambassadeurs expres de tous ses alliez. Sur laquelle resolution ie m'arresteray pour voir si ce fust vn bon cōseil à eux de la mettre en execution suyuant leur complot. Ou ie diray qu'il me semble que ce conseil, d'auoir pris les armes contre les Fraçois pour les chasser d'Italie, fut aussi vtile & loüable aux Italiẽs comme le blasme leur estoit grand & vergõgneux de les y auoir appellez. Et que pour regard du trouble qu'on leur donnoit à leur retour en France, & la necessité où l'on les astraignoit de liurer bataille pour se rendre le passage libre, i'y trouue de la difficulté qui reçoit plusieurs diuerses considerations.

Prouerbe remarquable hosti fugienti parare viam.

C'est vn ancien & approuué prouerbe, *Qu'a l'ennemy qui fuit l'on luy doit faire vn pont d'or*, ce qui est fondé sur ces raisons, à sçauoir, que comme l'issuë des batailles est fort incertaine, à cause de tant d'accidents qui y arriuent inopinement, lesquels souuent font perdre la prudence, le iugement, & la raison, qu'il faut aussi necessairement que ceux qui en veulent venir là, soient plus certains de la victoire que d'estre vaincus, & qu'ils preuoient si le gain de la bataille leur est plus vtile que la perte ne leur sera dommageable & nuisible. La necessité de combatre pour lors n'estoit point apparante, si l'on cõsidere les choses passees, par ce que le Roy ramenoit son armee en son pays propre, sans faire aucun tort ny dommage à personne, tellement qu'il n'estoit pas à propos de l'en destourner, ioinct que l'issuë de la bataille estoit fort incertaine. Car le Roy conduisoit vne armee de Frãçois & de Suisses, ceux-là fort experimentez pour la Cauallerie, & ceux cy fort resolus & disciplinez pour l'infanterie: De sorte que l'armee Italienne (par leur adueu mesme) estoit beaucoup inferieure à celle du Roy, attendu qu'aussi nos soldats François auoiẽt

Qu'est ce qui est requis à ceux qui vueillent liurer bataille.

beaucoup d'auantage sur les Italiés, en ce qu'ils se promettoient tous heureux succez, à cause de la facilité qu'ils auoient eu à la prise du Royaume de Napples, & que ceux là deuoient faire nouuelle preuue de leur vallcur. Aussi que les François estoient accoustumez aux sanglantes charges, de longue duree, & de point de mercy, & les Italiens auec peu de valleur estoient nourris à la commiseratió, & à la respargne du sang de leurs ennemis, & sembloit que leurs rencontres estoiét plustost spectacle de feu que vraye guerre. Et outre les considerations de leur valeur & bon-heur, la presence du Roy les fauorisoit & rẽdoit les vns plus hardis & vigoureux, par la naturelle affectió qu'ils portoient à leur Roy, les autres par l'esperance de la recompense, & les autres par la crainte du chastiment,

Differẽce de la guerre des Italiens & des François.

tellemẽt que tout cecy bien iugé & pezé par le poids de la raison, & le cõtrepoids du succez fort douteux qui en pouuoit arriuer, ie ne puis approuuer qu'aucune necessité les obligeast à fermer ce passage & destourner le dessein des François de leur retour en leur patrie.

Leur principal but où ils visoient par le moyen de leur bataille, n'estoit à autre suject que pour la vengeance de la prise du Royaume de Napples, & pour le desir qu'ils auoient de remettre & reinstaller les Arragons qui en auoient esté chassez par l'armee Françoise: C'est pourquoy ie ne puis aggrer le dessein de leur bataille, car encore qu'ils y eussent demeurez victorieux (chose fort douteuse ayans à combatre auec personnes qui n'auoient esperance de retraicte & de salut que sur leur valeur & generosité) ils ne l'eusſent ſceu faire qu'auec grande perte de ſoldats, & grand eſtonnemēt de ceux qui fuſſent rechappez: Mais il leur euſt eſte bien plus vtile de tourner dos auec leurs forces entieres vers le Royaume de Napples, & ſ'eſſayer de le reprendre, que non pas donner bataille auec gens deſeſperez de leur ſalut, cōme eſtoiēt les ſoldats François reduits pour leur paſſage à l'extremité d'vne bataille. Leſquels quoy qu'ils euſſent eſté vaincus, n'apportoient grand aduantage à leurs ennemis, ſinon au deſir qu'ils auoient d'auoir le Roy pour priſonnier, qui ne leur euſt apporté qu'vn trouble perpetuel en leur pays, car les forces eſtrangeres y fuſſent accourues de toutes pars pour le redimer de ceſte captiuité, & y euſſent conuié toutes les nations de dela les Mons ennemis de la gloire Italienne, &

A quoy pouuoit ſeruir le deſſein des Italiens par leur bataille.

sur tout pour les choses militaires.

Nous en auons veu l'exemple en la prise du Roy François, par Charles Quint, qui au lieu de s'estre dõné la paix par ceste captiuité, s'augmenta des guerres immortelles, & se rendit luy-mesme captif & contrainct de ceder au vaincu. Là où au contraire s'ils eussent esté vaincus, ils mettoient le reste de l'Italie, & principalement le duché de Milan, entre les mains de leurs ennemis, car quel moyẽ eussent ils trouué de mettre soudainement vne autre armee sur pied pour s'opposer à celle des François victorieuse, & enflee tellement de gloire & de presomption, qu'elle eust chassé & mis en route tout ce qui se fusse trouué contraire à son vouloir, & de consequent nul ne peut louër le conseil de ces Princes confederez, d'a-

Qu'aporte la captiuité des Rois.

uoir voulu liurer la bataille aux François.

Mais aussi d'autre costé ne vous ie laisser leur dessein abandonné de raisons pour le soustenir & monstrer que leur hardiesse & desir de combatre estoit fondé sur vne prudence & sagesse, estant vray semblable qu'en ce temps là le Roy Charles cómençoit d'estre enuieux & suspect aux Italiens, & peu agreable au Roy d'Espagne, tellement que tant ceux qui l'auoient imploré à leur secours, que les autres qui ne s'estoient point esmeus contre luy, cómencerent tous ensemble de reserrer sa puissance & rabaisser son auctorité, iugeant bien que s'ils le laissoient retourner en son Royaume auec son armee triomphante & entiere, qu'ils l'auroient l'annee suyuant sur les bras, auec vne plus grosse, & peut-estre auec la perte

Quelle esperance auoiét les Italiens sur leur bataille.

du Duché de Millã & de la Toscãne où ils auoient arresté leurs desirs, sans toutefois qu'ils eussét oubliez le reste qui se fussét offerts à eux opportunemét: & si les Italiés eussent fait mõstre de se deffier de leurs forces & de pouuoir auoir la victoire sur des soldats lassez, & cõbatuz du chemin, & le rebut de l'armee (les meilleurs estant demeurez pour la garde de Napples) quelle esperance leur fust-il demeuré de les pouuoir surmonter, l'an d'apres lors qu'ils eussent esté fraiz, & ralliez auec d'autres? La victoire leur estoit beaucoup plus asseuree que douteuse, car leur armee estoit composee de bien plus grand nombre de soldats que celle des ennemis, conduite par de bons Capitaines, & fortifiee de grande cauallerie & grosse & legere, & experimentee à toutes les factions militaires, &

ayant à combatre auec des personnes de crainte, & qui d'eux mesme auoient pris la fuitte, ou bien si ainsi n'estoit, auec vne armee victorieuse & de nation fort belliqueuse, où le Roy estoit en personne, de qui la victoire seroit d'autant plus glorieuse pour eux, & par ainsi plus à desirer & à hasarder.

Ce sont les raisons qu'on peut alleguer pour confirmer les Italiens en leur proiect, de la bataille: mais ce qui est de plus approchant la verité, selon mon iugement, c'est que ceste bataille estoit plustost forcee que volontaire, ie dis forcee, parce qu'ils estoient tellement proches les vns des autres, que le voisinage les y conuioit encore que leur resolution ne fust que d'intimider le Roy par le grand amas & appareil de guerre qu'ils faisoient pour diligenter son retour & le contraindre de prendre auec luy le plus de soldats qu'il pourroit pour l'assister, laissant par ce moyen le Royaume de Napples seul & sans secours, lequel eust esté plus facilement repris & remis à la puissance des Arragons.

Les Arragõs chassez du Royaume de Napples par le Roy Charles 8.

Doncques nous tirerons de toutes ces choses passees cest enseignement à sçauoir qu'il n'est expediant de tenter l'execution des choses dont la fin est fort douteuse & de ne se laisser conduire en vn tel estat & extremité, que puis apres la necessité de prendre vn autre party, nous leue le pouuoir du chois & de l'election.

Si les forces des ligues, & brigues sont capables de faire de grandes entreprises & executions.

Chapitre II.

ENtre les choses qui tombent iournellemẽt aux discours des hommes, lors qu'on traite des affaires d'Estat, & des entreprises de guerre, la principale est celle de la ligue & confederation, par laquelle plusieurs s'vnissent en vn corps, & vne volõté, soit ou pour leur dessein ou entreprise, ou pour leur propre seureté, ou pour amoindrir la grandeur des autres, dont nous tirerons plus exẽples de nostre temps que de l'Antiquité, auquel si tost qu'il se presentoit quelque bonne entreprise, aussitost l'on auoit de coustume de recourir aux brigues & confederations, lesquelles communement faisoient beaucoup d'effect.

Ceux qui parlent & raisonnent à la faueur de ceste ligue & societé, se seruent de ces raisons. Premierement en ce que la raison ordinaire & la nature mesme monstre & enseigne estre veritable en toutes choses, que la force & la vertu multipliee est plus forte & moins corruptible qu'elle ne seroit toute seule, & que ceste perfection qui est ordinairemét desniee à vn seul, se trouue souuent communiquee ou plusieurs sont: d'autát qu'il ny a si chetif & priué des graces de nature, ou de la fortune qui ne puisse, adioustant ce peu qui est en luy, au plus qu'vn autre possede, se ressentir de ceste aydelà & meslange de vertu. Ce qui se manifeste encore aux actions humaines, & principalemét

Virtus in multitudine comprobatur.

Res Compositæ, sunt perfectæ.

aux plus nobles & parfaicts, où les plus composees sont les plus excellantes, comme l'harmonie qui est formee de diuers tons de voix qui ne reçoit perfection qu'en sa diuersité & multitude. Et Aristote voulant mõstrer la perfection qui naist à chasque chose par l'vnió de plusieurs choses donna cest exemple des festins & banquets publiques, ausquels chacun portoit son present, lesquels estoient tousiours plus somptueux que ceux qui se faisoient par vne personne priuee, tãt riche qu'elle peust estre, & consequemmẽt les forces ausquelles sont reunies d'autres forces de quelque autre, sont plus efficaces & propres pour quelque bonne entreprise, que celles d'vn seul quel qu'il soit.

Tesmoignage de l'vtilité qu'apporte la ligue.

A l'exercice de la guerre il y a plusieurs offices, charges, & dignitez, plusieurs debuoirs, & plusieurs obeyssanobeissances, plusieurs Capitaines, & plusieurs autres qui cõmandent, & plusieurs y reussissent diuersement, qui s'y rendent propres pour liurer des assauts & attaquer des villes, cõme sont tousiours esté tenus les Italiens & les Espagnols, à cause de leur patiẽce: Qui excelle en la cauallerie comme les François à cause de leur d'exterité, d'autres sur la mer comme les Venitiens, Geneuois & Portugais : tellement que ceux qui se peuuent fortifier & preualloir de plusieurs forces, peuuẽt aussi auoir des desseins hauts & releuez par ce qu'ils auront des forces pour se deffendre & offẽcer soit en terre, soit en mer, De plus pour soustenir longuement vne guerre, il est requis plusieurs choses, comme armes, munitions, victuailles, argent, & autres choses qu'vn estat seul a beaucoup de peine de fournir, & qui n'incommode point plusieurs ligues ensemble qui contribuent chacun selon leur pouuoir, des choses desquelles ils abondent le plus. Et combien de fois auons-nous veu faillir des entreprises, faute de n'estre conduites que par vn seul Capitaine, duquel m'esadnenant, toute l'affaire perissoit.

Par la mort d'Alexãdre, tout ses desseins furent enseuelis auec luy.

L'exemple d'Alexandre le Grand vous le monstre, lors que mourant sans heritiers capables de gouuerner & suyure ses desirs & desseins, ils moururent auec luy. Et les Grecs & Macedoniens dont estoit composee son armee, ne volurent suyure le cours de ses prosperitez, & entreprendre sur l'Occident, comme Alexandre auoit faict sur l'Orient. La principalle cause de la ruine des Carthaginois vint par la necessité où ils estoient de bons Capitaines, n'ayant esperance que sur la

Qui causa la ruine aux Carthaginois du tẽps d'Annibal.

personne d'Annibal, lequel ils remanderent par cōtrainte, lors qu'il estoit aux mains auec Scipion en Italie. Mais en l'estat des ligues, cela ne se voit point, car ils peuuent creer de chasque estat des Princes confederez, vn vaillant Capitaine, & aux occurances, qui le requierent y aller plusieurs Princes ensemble, de sorte que si l'vn se pert, l'autre succede à sa place qui est de semblable valleur. Lors qu'il a fallu faire la guerre aux Infideles, comme aux Sarrazins & aux Turcqs, n'a il pas fallu recourir aux ligues & vniōs des Princes Chrestiens, qui par le moyen de leur conionction, ont executé de notables faicts.

Du temps du Pape Vrbain second, combien de Princes & de peuples se rallierent pour recouürir la terre Saincte, où Gaudefroy de Buillon commandoit, qui tous

Comme aux grandes affaires l'on a recours à plusieurs.

rapporterent vne telle victoire que la posterité la publie, & la publiera à iamais. Et nos yeux n'ont-ils pas veuë deuāt eux ceste illustre victoire naualle de Lelespaute qui fut gaignee par les Princes Chrestiens à la confusion des Turcqs : mais pour continuer nos premieres considerations, & prouuer cōme souuent les entreprises d'vn estat seul demeurent sans effect, pour n'estre soustenuës que de luy, & enuiees de tous ses voisins, & au contraire celles d'vn estat de ligue & confederation tousiours prosperes à cause de leur vnion & secours confederé. Ie vous allegueray les tres notables exemples de la Grece qui fut assaillie par Xerces Roy trespuissant de Perse, auec vn nombre indicible de combattans tant sur terre que sur mer contre lequel tous les peuples de ceste Prouince s'vni-

La Grece attaquée par Xerces.

rent & se banderent si affectionnement & d'vn tel consentemẽt, qu'ils repousserent cest ennemy capital. De la guerre qui fut du temps de Marius & Silla, auquel plusieurs peuples voisins se liguerẽt contre la Rep. mesme, & qui fut remarquee pour l'vne des plus perilleuses affaires qu'elle eust. Et en nostre temps la cõfederation de plusieurs Citez d'Alemagne liguees ensemble, ne donna elle pas de l'affaire à l'Empereur Charles quint encore que toute l'Allemagne ny fusse pas meslee. Doncques ces considerations semblẽt estre suffisantes pour conclure à la faueur de la ligue & vnion, la reputant pour instrumẽt tresexcellent pour faire reuscir de grandes entreprises, & les conduire heureusement à leur fin.

Neantmoins ie prouueray par d'autres considerations le contraire, & vous diray que ie confesse que si l'on considere purement & simplement l'emphase du nom de ligue, & ce qu'elle promet auec apparance, qu'aseuremét elle sera preferee à l'estat d'vn seul, car c'est chose vraye que la perfection entiere consiste en l'vnité, & que nos actiōs humaines, si nous les voulons parfaictes y doiuent estre reduites, & si elles ne si peuuent reduire, cela prouient pour n'en estre capables ou par elles, ou par les coustumes corrompues : mais aussi ne se peut-il nier qu'aux actions humaines, & principalement où il y agit de quelque singuliere chose, & sur tout au faict de la guerre, il ne faille apres vn conseil meur & deliberé, vne prompte & soudaine execution qui ne depend pas de ceste vnité, & ligue confederée, ains est plustost diuertie par elle, laquelle en ce cas au

La perfectiō consiste en l'vnité.

Apres le conseil suit la prompte execution.

lieu d'aider & diligenter, confond, retarde, & met tout en desordre, à cause de ceste multitude de volôtez esgalles, qui se contrarient, & se rendent disegalles, pour leur profit: mais bien de l'authorité d'vn seul qui dispose & commande absolument.

C'est chose asseuree que le desir de regner & de commander, se nourrit tousiours dás nos cœurs, & nous empesche de iuger & distinguer le bien d'auec le mal, l'vtile pour nous d'auec ce qui nous nuit, ainsi ces ligues & confederations se donnét d'eux-mesme leur ruine, pour l'enuie qu'elles ont de regner, & ne peuuent par ceste raison faire de grandes prouesses cóme vn estat seul le peut faire auec l'aide de ses Princes & Capitaines obeïssants & magnanimes.

Le desir de regner aueugle celuy qui l'a.

Alexandre le Grand, la Rep. de

Exẽple comme les ligues sont nuisibles.

Rome & Charlemagne sont tous paruenus au comble de leur grandeur auec leur seule force & potentat, & au contraire la ligue demonstre par son nom mesme sa foiblesse & peu de valleur, recherchant l'aide des autres pour son assistance, qui est vne imperfection, laquelle les Italiens ressentent encores auiourd'huy pour recompense de leurs ligues qui les a diuisez en tant de mẽbres & seigneuries qu'ils ne se seroient maintenir (s'ils estoient attaquez) sans l'aide & secours de leurs voisins.

Que c'est qui est vtile en temps de guerre.

Les deliberations veulent estre prudentes & soudaines, & non tardiues & importunes, les executions hardies & diligẽtes, les conseils aussi pour le plus souuent se doiuent prendre sur l'occasion & le temps, & leur but & regard ne doit estre qu'vn, vne seule consideration &

toutes les resolutions doiuent estre arrestees à l'augmẽtation du Prince, & de son estat pour lequel l'on cõbat, & duquel l'on attend la recompense du bien-fait, la punition & le chastiment de la faute. C'est pourquoy les sages mondains qui ont estudié à la vie moralle disent que l'amitié ne peut estre de duree parmi ceux qui ne regardẽt qu'à leur vtilité seule, & à ce qui leur peut apporter du contentement. En ces amitiez de Princes assemblez, chacun mire à ce qui luy est commode, & à son bien particulier, & puis apres accidentairemẽt aux biens des autres, & arriue souuent que ce qui plaist à vn desplaist à l'autre, ce qui profite à l'vn est dommageable à l'autre : si bien que les mesmes choses ne peuuent aggreer à tous, & par consequent ces ligues & assemblees ne se sont peu, ny peuuent, ny pourront longuement conſeruer entiere, ſans contention & ſans deſplaiſir. Outre que c'eſt l'ordinaire couſtume que des choſes generalles, peu de particuliers en prênent le ſoin, ainſi aduient-il aux ligues, que cepêdât que l'vn ſe reffie aux prouiſions des autres, ils ſ'oublient apres eux-meſme, & pêſent plus aux fautes de leurs compagnons, qu'à leur propre aſſeurance & ſeureté : ainſi ce benefice commun, que l'on a predit & publié pour le plus ſouuerain bien & ſupport que ceſte ligue euſt auec elle, ne ſe trouue formé ny fondé qu'à vne idee & imagination, bien eſloignee de la puiſſance & verité, qui comme ſon fondemêt eſt mobile, ne peut eſtre de duree, & ſe ſepare d'elle-meſme ſans qu'elle y ſoit forcee par les forces de ſes ennemis. Mais particulieremêt ſont tombez en ces inconueniens, les

Autre preuue de l'incômodité que les ligues apportent.

ligues des Chrestiens contre les Turcqs, telle qu'on la veuë encelle qui a esté faicte entre le Pape Alexandre, & les trois plus puissants Rois de l'Europe à sçauoir celuy de France, celuy d'Espagnè, & celuy de Portugal, & la Rep. de Venise. Lesquels apres le cours de leur premiere annee, se reuolterent & employerent leurs armes destinees contre l'infidele à l'encontre d'eux-mesme, & celles d'entre le Pape Paul III. Charles Quint Empereur, & la Rep. de Venise, contre Sultan Soliman qui reuscit & pour la fin & pour le commencement presque semblable à l'autre.

Qui peut auec plus de raisons & d'obligations s'aseurer de la foy des Princes alliez, que la Rep. de Venise deuoit faire de l'amitié & affection de Loys douziesme, de François premier. Roy de France, de qui

Exemple cōme la foy des ligues est meschante.

la conseruation de la foy à eux promise par ceste Rep. fut si inuiolable, qu'elle aima mieux soustenir l'armee de l'Empereur Maximilian, & exposer son estat à sa mercy, à sçauoir que de les abandonner en leur necessité, & neantmoins du depuis plustost par affectiō que par raison ils furent les instrumēts de sa ruine: de sorte que lors qu'on trouue de la stabilité parmy les ligues, il faut dire que celuy qui l'obserue en merite l'oüange & celuy qui s'y fie autant de blasme.

Qui se fie aux ligues est trompé.

Lors qu'on traitoit la derniere ligue à Rome contre l'Empereur des Turcqs nommé Selim, & que l'occasion & le temps pressoit d'y enuoyer du secours en diligence, l'opiniatreté de quelques Espagnols subiets & arrestez à leur profit seul, & non au bien public, qui conseilloient d'enuoyer leurs forces sur mer en Affrique, croiant que ceste conqueste leur seroit vtile, fut cause que l.s ennemis se conseruerent longuement leurs forces en Leuát.

Le Roy Ferdinand Roy d'Espagne, combien qu'il se fusse ioinct auec la Rep. de Venise, & qu'il se fusse separé de toutes ses autres alliances, aussi-tost qu'il eut pris la ville de Bresse il voulut se l'approprier pour luy & rompre sa confederation.

Le Pape Clement septiesme, la Rep. de Venise, le Duc de Milan, & le Roy François estoient alliez ensemble contre Cesar pour luy rompre ses propositions, mais chacun d'eux auec son pretexte pour son bien particulier, le Roy celuy de son Estat, & celuy de ses enfans prisonniers entre les mains de Cesar, & les autres d'autres considerations pour eux, & non pour le public, ce qui fut cause que le Roy François rompit sa ligue & fit ses affaires auec Cesar par vn accord volontaire & vtile à ses desirs, & les autres confederez, demeurerent deceus de leurs esperances, & abandonnez du Roy leur amy & confederé. C'est pourquoy afin que nous cognoissions la verité entre la diuersité de ces raisons, il faut distinguer & separement considerer pour quelle occasion chasque ligue est faicte, quelle fin luy est proposee, auec quel pact & quelles loix elle est conduite. Quelque-fois la ligue & vnion ce fait par les Princes pour leur seureté, & pour les deffendre contre ceux qui les veulent dominer & assubiectir à leurs volontez, auquel cas, telle ligue leur est vtile, & la fin profitable, d'autant qu'il n'y va que du bien public, & non du particulier. La confederation faicte en-

Quand la ligue est bonne.

tre le Pape, le Roy de Napples, la Rep. de Florence, le Duché de Milan & autres plusieurs Princes Italiens, conserua longuement le repos en Italie, & fut pour vn temps profitable aux associez, par ce qu'ils n'auoient autre obiect que celuy de leur conseruation generalle.

D'autre-fois la ligue se faict pour la defence de soy-mesme, mais auec plus de presomption & consideration, cōme lors que l'estat qui nous est voisin est assiegé que nous courrons à sa deffence & secours, pour la crainte que nous auons qu'apres sa perte, la nostre ne suyuisse : & telle ligue encore se peut conseruer, & faire des actes memorables, si ce n'est qu'elle s'estende plus auant, & que les aliez ne se proposēt de nouueaux proiects comme de s'agrandir ou leur Estat en general, ou leur personne priuee, auquel cas leur li-

Autre chose où les ligues sont bonnes.

gue est perduë par ce que leur meilleur fondement est tombé, cessant en eux la plus vraye conionction qui est celle des esprits, des pensees, & desseins des Princes.

Presque tout le peuple de la Grece conuint & s'accorda ensemble pour se defendre contre l'armee de ce grand Roy de Perse Xerces; qui les assaillant par mer auec vne puissante armee demeura neantmoins vaincu par eux, dont la Grece par le moyen de sa ligue fut preseruee pour ceste heure là de ce danger. Le mesme pareillement nous est arriué en ce temps pour la defence du Royaume de Cypre assailly par les Turcqs, où les Venitiens (comme y ayant interest) le Pape & le Roy Philippe d'Espagne s'allierent & gaignerent ceste notable victoire que les Siecles n'oubliront iamais.

La

La plus grande partie des Seigneurs de l'Europe furent associez & liguez contre la Rep. de Venise en la ligue de Cambray, tous nourris de l'esperance de la proye, & do pouuoir diuiser vn iour ce noble estat riche & fleurissant, & d'autant plus agreable & desirable obiect aux esprits de ces grands Potẽtats, ce qui ne peut arriuer à cause de leur des-vnion, & du soupçon, & jalousie qui se glissa parmy eux, & les fit se rebeller les vns contre les autres.

Les ligues ambitieuses ne vaillent rien.

Les ligues sont encores de quelque profit, quand plusieurs Princes alliez, en entreprenent vn nouuellement installé comme il c'est veu pratiquer en Italie contre plusieurs petits Seigneurs & Tyrãneaux non bien confirmez en leur possession: mais quãd cest pour en deposseder vn qui est en estime & iouyssance de long temps, quoy qu'inferieur aux forces des ligues, elles ne sont pas de grand effet, comme les confederations des Italiens contre la Rep. de Venise, lesquelles estant soustenues à leur premier mouuement demeurerẽt affoiblies par les foiblesses où les ligues se reduissent ordinairement. Ce qui fut encore aduenu à la ligue de Cambray, si le Conseil d'Aluianus n'eust pressé la bataille.

Maintenãt sur toutes ces consideratiõs prealleguees, ie cõcluray cõme par generalles & vrayes conclusions que l'on se peut reffier aux ligues, lors qu'elles n'ont autre subiect que leur conseruation. Mais celuy qui s'y attachera trop cõfidemment, & qui voudra aspirer aux affaires où de soy, il n'est pas suffisant, & capable sur la cõfiãce qu'il auroit du support de sa ligue, il sera plustost tenu pour fol & circonuenu, que pour iudicieux & preuoyant. Et d'autant que pour affirmer le pouuoir de ceste ligue, i'ay dit au cõmencement de mon Chapitre, *Que la multitude des agens faict le mouuement plus grand, & que par plusieurs, les plus grandes executions s'executent plus facilement, lesquelles par la foiblesse de l'humanité, ne peuuent estre effectuees par vn petit nombre.* Ie respondray que l'execution de plusieurs choses est le mestier de plusieurs: mais aussi est-il veritable qu'il conuient par le iuste reglement des choses, Que les causes secondes (pour parler en termes naturels) soient raportees aux premieres, comme nous le voyons au gouuernemẽt de l'vniuers. Aussi ne faut-il douter que les grandes entreprises ne se puissent accomplir sans l'aide de tant d'armees, de tant de Capitaines, & autres choses necessaires: Mais bien que tant plus ce

La multitude des Agẽts rend l'action plus grande.

grand nombre ſera bien ordonné & conſtitué ſoubs la puiſſance d'vn ſeul, d'autant plus ſera il parfaict & excellant. Il n'eſt pas defendu à vn Prince encore qu'il ſoit ſeul en ſes entrepriſes de ſe ſeruir de ſoldats de toute nation eſtrãgere: mais la plus aſſeurée reigle, ſeroit de n'employer que ceux de ſon Eſtat qui pourroit, pour faire reluire ſes deſſeins auec plus d'aſſeurance & de gloire. Le meſme ſe doit entendre pour toutes les autres choſes qui ſont requiſes pour la ſuitte de la guerre, auſquelles le ſage & prudent Prince recherchera d'y pouruoir en ſorte que tout ne depende que de luy & non du ſecours des autres. Quant à dire que l'abondance des Chefs, pour commander ſoit plus ordinaire aux ligues, qu'à l'eſtat d'vn ſeul, celà n'eſt point recogneu pour vray quand il n'y auroit que ceste seulle raison, à sçauoir la pretention que chacun auroit de commander au premier rang des armees, qui leur engendreroit des discordes & diuisions.

Pourquoy les Princes Modernes n'ont faict des choses si remarquables, que les Anciens.

Chapitre III.

IL y en a qui loüant, & prisant les choses faictes par les anciens, blasment & mesprisent entierement les modernes, & disent que le chemin pour les conduire à la vertu, leur a esté bouché & serré par la mort de ces Anciens: D'autres aussi au contraire, se sont donnez de la peine pour eternisser de loüange nostre temps, & le parrangonner à celuy des Anciens, disant que nous n'auons en rien cedé à l'Ancienne vertu, sinon en ce qui eſt de ceſt honneur & reuerẽce que l'antiquité apporte aux choſes paſſees. Les eſprits des modernes ſont admirables par leur excellence, & par la perfection où ils ont conduit pluſieurs nobles diſciplines, ſciences, & arts, qui auoient eſté ignorez & enſeuelis du temps des Anciens, & principalement celuy de l'art militaire, & de l'inuention qu'ils ont trouuee de fortifier & aſſaillir les fortereſſes tant des canons & artileries, petars, qu'autres moyens vſitez en noſtre temps, comme auſſi celuy de l'Architecture, la Painture, & la ſculpture, & autres pluſieurs arts vertueux & ornemens de la vie ciuile qui ont eſté incogneus à l'antiquité. Toutesfois m'areſtant plus curieuſement ſur ce poinct de l'art militaire (comme chacun doit mieux aymer ce qui le touche) & conſiderant les faicts &

Comme les modernes ont eu plus de cognoiſſance des fortifications que les Anciens.

les entreprises d'vn tẽps & de l'autre : ie trouue qu'à mon opinion nous sommes contraincts de ceder à l'ãtiquité, sans toutesfois aduoüer qu'elle aye produit & engendré de plus valeureux hommes que nostre temps : mais bien qui ayent par leur bõ-heur subiugué en moins de temps que n'ont leurs ennemis, entre lesquels nous voyons vn Alexandre, vn Pompee, vn Cesar auoir conquis tant de Prouinces entieres & debellé plusieurs autres nations. Et parmy nous, n'auons nous pas pour s'egaler à eux, vn Charles Quint Empereur, vn Roy François premier, Roy de France, & de plus recente memoire vn Henry quatriesme de qui le nom ne doit iamais mourir, & parmy les infideles vn Sultan Soliman grand Seigneur des Turcs ? ausquels la nature & la fortune n'ont nõ plus res-

Exemple de ceux de nostre temps qui ne cedẽt poinct aux anciens.

pargné leurs dós qu'à ceux de l'antiquité. Car qu'eſt-ce que n'entreprist Charles Quint auec ſon courage enuieux & ſourd à tous les dágers? Qui fut plus deſireux de loüãge & d'honneur militaire, que le Roy François, qui fut comparable au Roy Henry quatrieſme, qui chaſſé de tout ſon Royaume par ſa ſeulle generoſité en demeura le maiſtre? Et qui rendit plus de teſmoignage de valleur que Soliman, qui en âge de quatrevingts quatre ans mourut au Camp parmy des ſoldats: Neantmoins qui va puis apres examinant les entrepriſes faites par eux, & celles faictes par les Anciens, il trouuera qu'elles ne coreſpondent à la renommee de tels Princes, veu que ſi l'on conſidere les faicts d'vn Alle-xandre le Grãd qui en peu de temps debella ce treſ-puiſſant Empire de Perſe, & victorieux courut tout

Les faicts d'Alexandre

l'Orient & fit sentir la terreur de ses armes à plusieurs autres peuples, & puis mourut fort ieune, ceux d'vn Pompee & d'vn Cesar qui ont sousmis à l'Empire Romain plus de huict cens Citez de toutes nations, Suisses, Françoises & Almandes, & plusieurs autres qui estoient reuoltees en l'Orient, comme l'Armenie, la Capadoce, l'Hiberie, la Sirie, la Sicille, la Mesopotamie, l'Arrabie, & la Iudee. Choses qui apres auoir esté faictes semblent incroyables aux auditeurs. Mais qu'elle chose pouuons nous alleguer des Princes Modernes qui les egalẽt en pareille gloire militaire? Charles quint conduit à plusieurs fois de grandes armees, pour diuerses entreprises, & quel fruict luy ont elles produict? La plus grande armee qu'il aye iamais mis sur pied, fut celle qu'il opposa à Soliman quand il assiegea

Faits de Põpee & de Cesar.

Faicts de Charles Quint.

l'Austrie, laquelle ne sorty iamais de deuant Viennes, tellement que le plus grand Trophee qu'il en eust fut de n'auoir point esté vaincu, n'ayant point veu la face de son ennemy.

Les guerres d'Alemaigne furent, à vray dire assez dificiles, neantmoins il ne s'agissoit en icelles contre aucun Prince, qui fut de son esgal en force, ny moins furent esmeus par election ou esperance de gloire, ou de nouuel accroissement d'Estat: mais par leur grande necessité, & pour defendre non seulemét l'Empire, mais sa personne mesme, & le fruict n'en pouuoit estre autre sinon remettre les choses de la Couronne en leur premier estat, & empescher que l'authorité imperialle ne fusse mesprisee. Les contentions de guerre qu'eurent long temps auec animosité & haine immortelle Charles Quint & le Roy François, affoiblirent souuent l'vn & l'autre costé, les entreprises de Soliman furent encore plus grandes, non toutesfois à l'esgard de celles des Anciens, car au respect de sa puissance & du long temps qu'il regna, elles furent fort petites, car il consomma vne grande partie de ses forces & de son aage aux guerres d'Hongrie où il eut plusieurs dessains & plusieurs entreprises, & toutesfois ne peut reduire en son pouuoir qu'vne seule partie d'icelle qui n'est encore des plus grãdes Prouinces: il conquesta l'Isle de Rhodes: mais qu'elle gloire d'auoir desfaict vn petit nombre de cheualiers foibles d'eux-mesme sans aucun secours: qui furent plustost pris par fraude & surprise que par la force: & de là passa auec son armee en Perse où il pouuoit dire comme Cesar

Faits de Soliman.

Dictum de Cesar & de Soliman.

Veni & vidi, i'ay veu & ſuis venu, mais non pas *vici* qui fuſſe demeuré victorieux & maiſtre.

Quelle fut la cauſe que les Princes modernes n'ont faict tãt d'executions que les Anciens.

Toutes ces choſes doncques ainſi paſſees, font ouurir les eſprits curieux, pour rechercher les cauſes de tant de diuers ſuccez, entre leſquelles, la principale doit eſtre la diuerſité de façon de faire la guerre d'vn temps & de l'autre, puis l'vſage des fortereſſes plus frequentes en noſtre temps, qu'à celuy de l'antiquité, ſe trouuant maintenant peu d'eſtats, ou de pais, où il n'y aye des fortereſſes, ſoit qu'elles y ſoient par la ſituation du lieu, où qu'elles y ſoient faictes par la cognoiſſance des fortifications que nous auons plus parfaictes que les Anciens n'auoient : qui nous donne pouuoir de reſiſter auec peu de forces contre les efforts de nos ennemis plus forts, tellement que ceux qui ont

Les fortereſſes empeſchẽt les executions.

voulu de nostre temps enuahir les pais des autres se sont trouuez obstacles par des forteresses frontieres qui leur a conuenu prendre auant que d'entrer dans l'estat, ou bien ils se fussent seulement rendus maistres de la Campagne, & eussent laissé leurs ennemis derriere eux, ce qui a bien souuent empesché que les entreprises des Princes modernes n'ont reüssi auec tant de facilité & diligence, qu'ont faict celles des Anciens, qui n'auoient cest empeschement.

Charles Quint declara souuentefois la guerre au Roy François auec des desseins & proiects grands & releuez, lesquels à la fin reussirent tous de nulle valeur à cause des Citez renforcees qu'il trouuoit à son chemin, & bien munies de prouisions de defence, lesquelles à peine se pouuoient surmonter ny

Guerres de Charles Quint au Roy Frãçois.

par la patience, ny par la force, & ce qu'il gaignoit luy apportoit si peu de profit, à cause du temps & des depens qu'il y faisoit, que bien souuent il estoit contrainct apres auoir contenté ses desirs, de s'accorder auec son ennemy comme il fit apres auoir assailly & pris la forteresse de sainct Disier qui estoit au chœur de la France, où il fit vne signalee perte de ses gens de guerre. Le mesme arriua au Roy François par les mesmes causes, lequel ayant enuoyé son fils auec de tres-grandes & puissantes armees aux monts Pyrrenees fut arresté luy & toutes ses forces deuant la forteresse de Perpignan qui estoit sur les frontieres.

Le fils du Roy François arresté par la forteresse de Perpignan.

Soliman aussi apres estre arriué en Hongrie pour passer auec son armee en l'Austrie, perdit tant de temps à battre la forteresse de Budes, que cela fut cause du salut de

Solimã, faisant la guerre en Hõgrie fut arresté deuant Budes.

tout ce païs, & principalement de la Cité de Viennes, & autres Prouinces de la Germanie. Et aussi lors qu'il voulut denoncer la guerre aux Venitiens où il estoit en personne aux entreprises, il fut deceu de ses resolutions & entreprises, par le moyen de la forteresse de Corfu, qui le contraignit de leuer le siege, ou sans cela il se fust rendu maistre, & de l'isle de Corfu, & de plusieurs autres lieux de cest Estat. Doncques par ces difficultez, & par ces raisons, les entreprises de ceux de nostre temps ont esté moindres que celles des Anciens.

Allexandre le Grād aussi tost qu'il eust surmonté Darius Roy de Perse en la bataille, à l'instant il se fit Roy de son Royaume, car il n'auoit qu'à se rēdre maistre de la mer, que la nature auoit dōné à ce païs pour forteresse, pour estre Roy de toute

Alexandre vainquit Darius.

Grandes victoires de Pompee.

la Perse iusques aux Indes:& Pompee suyuant Mithridates arborisa tant de trophees par tout où il passoit es Prouinces de l'Orient, que cela nous tesmoigne bien qu'il ne trouuoit aucune forteresse qui luy fit teste, puis qu'il se rendoit victorieux plustost en cheminant, qu'en combatant.

Combien de nations Iulles Cesar appropria à l'Empire Romain.

Iulle Cesar eut vn peu plus de peine à subiuguer ces peuples de l'Europe contre lesquels il eut la guerre, non pas tant à cause des forteresses qui luy nuisoiēt qu'a cause de la qualité des situations des lieux qu'il assiegeoit, comme aussi des peuples ruraux & farouches, auec lesquels il auoit affaire : & neantmoins en moins de dix ans il subjuga enuiron trois cens nations qu'il annexa à l'Empire Romain.

Doncques si ces grands Capitaines bien experimentez se fussent

rencon-

rencontrez deuant vne forteresse, où il leur eut esté necessaire de s'arester des mois & des annees, il est à coniecturer qu'il n'eussent pas faict de si grandes victoires sur leurs ennemis, comme ils ont faict: mais d'autant qu'ils ont eu affaire du costé de l'Orient où l'vsage des forteresses estoit peu frequent, ils se sont acquis vne gloire perpetuelle, suiuie d'vn applaudissement vniuersel de tout le monde. Et voyons encore qu'en vn temps plus recent par le mesme defaut de forteresse, Selin Ottoman a conquesté tout à faict tout l'Empire du Soldan du grand Caire: mais tout ainsi que ces conquestes sont faciles & aisees à faire, aussi sont elles difficiles à conseruer & faciles à reprẽdre, ou par les peuples mesme vaincus, ou par les Rois les plus voisins. Et me semble que comme les victoires de nostre tẽps

Comme les forteresses empescher les grand executions.

ſont retardees par ces grandes forteresſes, qu'elles ne deuroient pour autant eſtre eſtimees moindres que celles de ces anciens, attendu qu'elles ont eſté de plus grande peine, & induſtrie à obtenir. Mais pourſuiuant de rechercher les autres parties qui concernent l'art militaire, nous trouuerons diuers effects aduenus par diuerſes cauſes.

L'inuention de l'artillerie n'eſt introduitte du temps des Anciens.

L'inuention de l'artillerie eſt veritablement vne choſe ſi nouuelle & ſi admirable, & ſi hors de la cognoiſſance & vſage des machines de la guerre des Anciens, qu'il faut bien croire que cela aye eſté fort contraire au progrez de nos armes, comme auſſi l'inuẽtion de la pouldre artificielle qui s'eſt tellemẽt accreue & multipliee en noſtre tẽps, que l'on peut dire maintenant que la guerre ſe faict non auec le fer cõme iadis, mais auec le feu: Ce qui ap-

La pouldre artificielle inuentee de noſtre temps.

porte de l'empeschement à nos victoires, & qui les retarde beaucoup plus que celles des Anciens, tant à cause que nous sommes cõtraincts d'en auoir pour nos sieges, & que cela requiert vn long temps pour les faire suiure nos armees, qui ne marchent point sans cela.

Voyons vn peu quel chemin fit Pompee poursuiuant Mythridates, & nous trouuerons qu'il en fit plus qu'vn qui voyage aux païs lointains pour son plaisir & non pour faire la guerre, & neantmoins tousiours victorieux. Alexandre le Grãd voulant passer aux Indes choisit l'élitte de ses soldats en peu de nombre pour le suyure & accompagner, disant qu'il ne falloit qu'vn petit nõbre de valeureux soldats, par ce que de ce temps là l'on n'auoit besoin que de la vertu des armes, n'ayant point à combatre contre des forte-

Pompee en marchant se rendoit le maistre de ses ennemis.

ressés, ny contre des Canons comme maintenant, ains seulemét contre des hommes, lesquels estant defaicts, ouuroient le passage libre en tout leur estat, ce qui causoit ces grands faicts en si peu de temps aux Anciens, auec ce qu'ils ne se seruoient presque qued'infanterie, laquelle est beaucoup plus expeditiue que la caualler ie, ce dót vsent encores pour ce iourd'huy les Turcs, faisant beaucoup plus d'execution sur la mer que nous sur la terre. De plus, faut encores considerer que ce qui nous nuist merueilleusement en nos entreprises est, que souuent vn Prince vient à auoir guerre contre vn autre Prince egal à luy en qualité & force, ou bien peu moins, & par ainsi ne peuuët faire de grandes cóquestes les vns sur les autres à cause de leur egalité qui les balance & tient en mesme poids & degré de

La Caualle-rie moins expeditiue que l'infanterie.

Qu'est-ce qui empesche nos grandes victoires.

fortune, que ne fit pas le Roy François pour acquerir l'Italie? Cõbien de gens de guerre y mena-il? Quelle despence y fit-il? mais par ce qu'il eut Charles Quint pour ennemy & aduersaire, qui estoit egal à luy & en force & en vertu, tout son effort demeura inutile & sans fruict. Le semblable arriua entre Charles Quint & Soliman, lesquels pour la crainte qu'ils auoient l'vn de l'autre, euiterent toutes les occasions de venir aux mains ensemblement. Et Charles Quint le tesmoigna sous vne prudente couuerture & discretion, lors que Ferdinand son frere fut attaqué par Soliman lequel il ne voulut secourir & print pretexte que les affaires d'Affrique le pressoient: Et lors qu'ils ont esté tous deux contraincts de se faire teste, leurs armees se sont esloignees le plus qu'elles ont peu de la rencon-

Pourquoy le Roy Frãçois ne fit de grands effets en l'Itaiie.

Charles Quint & Soliman ennemis, & timides les vns des autres.

tre de leurs ennemis à cause de la semblable valeur, generosité, constance, & patiéce qui estoit en eux, qui les rendoit craintifs & timides les vns des autres. Maintenant examinons la qualité des Potentats auec lesquels ces Anciens auoient à combatre de leur temps. Alexandre le Grand trouua le Royaume de Perse, contre lequel il eut ces heureux succez sans aucune discipline ny experience ou valeur militaire, dont il remporta si facilement tous ces trophees : Et quant à ces peuples Orientaux par luy vaincus du depuis, qui ne sçait combien ils estoient foibles d'eux-mesme & mal confederez ensemble, ny soustenus d'aucune forteresse (vray nerfs de la guerre) de sorte qu'il est plus à loüer de son courage qui le porta à ces entreprises, que des combats qu'il aye rendu pour ses victoi-

Le Royaume de Perse n'auoit point de discipline militaire.

res. Et le meſme ſe peut voir par le grand Pompee aux defaictes qu'il a faict aux parties Orientales, & bien eſt vray que pour Iulle Ceſar, il eut quelque difficulté en France, & en Eſpagne, pour ce qu'il y trouua des perſonnes vn peu plus aguerries & diſciplinees à l'art militaire que les autres, quoy qu'ils fuſſent mal vnies enſemble, & diuiſees en pluſieurs Rois & peuples, tellement que de là nous pouuons cõclure que ſi ces fameux Capitaines euſſent eu des aduerſaires & andagoniſtes de ſemblable valeur & cognoiſſance de la milice qu'eux, qu'ils n'euſſent eſte ſi ſouuent triomphants & victorieux ſur leurs ennemis comme ils furent. Mais à mon aduis ce qui eſtoit plus recommandable en eux, eſtoient les moyens deſquels ils ſe ſeruoient pour ſ'aquerir & captiuer la faueur & bien-vueillance de tous

Intention d'Alexãdre pour se captiuer la biẽueillãce des peuples.

leurs ennemis par eux vaincus, cõme l'on lit d'Alexandre le Grand lequel apres s'estre rendu maistre des Indes, reconfirma & remit tous les Rois de ce pais là, en leur possession Royalle, & l'augmenta encore à d'autres, se contentant seulement de receuoir l'obeyssance par eux, & se seruir en sa necessité de ce qu'ils auroient pour sa commodité, monstrant par cela estre plus curieux de l'honneur & loüange que du profit. Et Pompee non en qualité de grand Capitaine victorieux en ses batailles: mais en la qualité d'amy pascifioit & accordoit tous les differens entre les Princes de l'Orient, remettant les vns en leur Seigneurie, & donnant à d'autres de nouueaux estats suyuant leur merite comme il fit au Royaume de Feruace, où il establit pour Roy Bosphore, en celuy d'Armenie, Tygra-

Cõme Pompee accordoit les differends des peuples par luy vaincus en l'Orient.

nus, en celuy de Capadoce Ariobarzanes, & en Galice Deiotarus. Et reduisoit seulement sous l'Empire Romain, les pais qu'il trouuoit sans seigneurs; comme la Sirie & la Iudee, & autres regions. Ce qui occasionna que plusieurs peuples de leur bonne volonté se soumirent sous l'Empire d'Alexandre & des Romains, dont toutes nos histoires font foy & plusieurs autres exẽples. Laquelle vertu de clemence il semble que nos Princes & grands Capitaines ayent ignoré, tesmoignant d'exercer plustost la guerre par quelque vengeance auec cruauté, que par emulatiõ de gloire auec clemence, aussi souuent portent-ils leurs ennemis en des desespoirs qui se resoluent plustost de faire la derniere preuue de leurs forces, que de se soumettre en leur puissance & discretion, dont souuent il leur arri-

Comme la cruauté en guerre nuit pour faire des grandes conquestes.

ue mauuaise issuë, & par ainsi font moins de proüesse & conquestes que nos anciens Capitaines, desquels s'ils immitoient les vertus de iustice & clemence, ils se renderoient plus puissans, ou au moins comparables à eux.

Pourquoy la paix a esté si longue en Italie, en ces derniers temps.

CHAPITRE IIII.

La guerre depuis Charles huictiesme, iusques à la paix de Bollogne en Italie dura 40. ans.

QVi considere quels ont esté les trauaux d'Italie depuis l'arriuee de Charles huictiesme Roy de France, iusques à la paix de Boullongne, où il y a quarante ans, ou enuiron, & les voit maintenant assoupis & conuertis en vne heureuse paix, a du subiect d'en rechercher les causes & les raisons, car encore qu'il s'y soit eschausé quelque estincelle de feu pour contrarier ce repos, toutesfois elle n'a sceu auoir la force & la vigueur desalumer, à cause du bon gouuernement que ces Princes ausquels cest estat est commis, y ont apporté, enuers lesquels l'obligation doit demeurer perpetuelle aux subiects. Quoy que le subiect de ceste paix & concorde leur aye esté fort aisé à suyure par cest Axiome qui dit, *Que la cause estant leuee, l'effaict par consequent en est dehors*, car il procede d'elle : & examinant les causes dont nasquirent les guerres & troubles de l'Italie, l'on verra comme par la fin d'icelles la paix necessairemét deuoit estre longue.

Sublata causa tollitur effectus.

La paix demeure ordinairement de soy dans les Estats, en chassant les empeschemëts qui la troublent, comme pour conseruer la santé de nos corps, il conuient essongner

Les seditions dans vn Estat, y engendrët la guerre.

d'iceux les mauuaises humeurs, qui troublent & corompent leur parfaict estat. Maintenant si nous voulõs cõsiderer les principaux points qui ont discordé cest harmonie que la concorde des Princes Italiés auoit produict & conseruee si longuement, au contentemẽt de tous nous verrons que deux effaits ou affections qui s'accreurẽt en ce tẽps là outre mesure, furent les racines qui produirent depuis tãt de maux, à sçauoir. *La crainte & l'ambition.* La crainte de perdre leur propre estat, l'ambitiõ d'euahir le bien d'autruy.

La crainte & l'ambitiõ dans vn Estat y engendrẽt la guerre.

La crainte d'vn iuste desdain d'vn Roy d'Arragon qui excita des nouueautez, & les imprima en l'esprit de Loys Sforce, le persuadant de recourir aux forces & secours des Frãçois, luy remonstrant que pour accroistre sa fortune, il falloit qu'il suiuisse ce conseil, lequel le fit precipiter, & l'ambition du Roy Charles huictiesme (pour lors ieune & d'aage & d'experience) de ioindre ces nouueaux estats à sa couronne, & à sa personne nouuelle gloire, qui l'empescha d'auoir autre egard que celuy de ce desir d'aller en Italie, laquelle finalement a esté la sepulture de tant des gens de guerre, & de tant d'illustres Capitaines de ceste nation martialle, sans aucun heureux succez ny fruict profitable. Mais passons plus auant, la guerre si cruelle & pernitieuse qui s'esmeut entre les Princes confederez, & la Repub. de Venise, d'où vint elle sinon de ceste meschante semence de crainte & d'ambition? Plusieurs Princes craingnoient la grandeur de ceste Repub. qui c'estoit beaucoup accreue par plusieurs heureuses conquestes qu'elle auoit faict auec l'aide des François

Exemples des maux que la crainte & l'ambition ont faict nestre.

qui l'auoient renduë crainte & redoutee de tous les Italiens, qui par ainsi s'en vouloient preseruer & exempter par sa ruine. Et l'ambition du Roy Loys François qui desiroit auoir le Duché de Millan, ne le fit elle pas reduire à la confederation des autres Princes contre ceste Rep. Tel donc fut ce premier tronc, duquel l'on ne peut iamais si bien couper les branches, & les racines, qu'apres vne guerre finie, il ne s'ensuiuisse vne autre qui fut la cause q̃ l'Italie endura les ruines & desplaisirs de la guerre iusques en l'an 1529. au-
1529 quel temps les Princes se trouuerent si lassez & fatiguez de ces peines qu'ils s'asemblerent à Bollongne, où ils bastirent ces bons fondemens de la paix, qui l'ont faict demeurer si longuement en ceste trãquilité, leuant les matieres comme causes premieres de la guerre, à

La paix de Bollogne.

sçauoir ceste crainte & ambition qui ne pouuoit plus dominer ny les vns ny les autres des Princes Italiẽs, car le Duché de Milan tomba vn peu apres en la dominatiõ de l'Empereur Charles, & apres luy de son fils lesquels l'vn & l'autre auoient suiect de ne craindre leurs voisins à cause de leurs forces, ny aussi d'enuier vne plus grande fortune car la leur estoit assez heureuse. Pareillement la rep. de Venise estoit exẽpte de ceste crainte des autres, à cause de sa puissance, & de ceste ambitiõ, ne pouuant rien souhaiter de plus, que ce qu'elle auoit: & l'estat aussi de l'Eglise demeuroit asseuré autát en ce qui estoit de l'honneur & reuerence qu'on portoit à la religion, qu'en ses forces: par ce que les Papes auoient recouuert tant de Citez qu'ils auoient perdues au commencement, qu'ils n'auoiẽt occasion de craindre. Semblablement le Duché de Millan n'auoit point de subiect ny de crainte, ny d'ambition. Toutes lesquelles choses ainsi bien contrepoisees, & renduës egales, leuerent la cause de l'effaict d'vne variation & changement d'estat, tel qu'on l'auoit veu arriuer auparauant. Quant aux troubles & dangers qu'elle encouroit des forces estrangeres, elle s'en est tousiours defendue par diuers accidés comme vous verrez. L'Italie auoit pour ennemy & voisin l'Empereur, le Turc, & les François, de l'Empereur elle en fut preseruee à cause du peu de force qu'il auoit qui l'empeschoit de rien entreprendre sur ses voisins craignant qui ne fusse luy-mesme attaqué & vaincu. Quād au Turc il fut aussi empesché en ce mesme temps là, pour la defence de Hongrie, & de Laustrie, quant aux François

François, elle s'en est tousiours exemptee à cause du secours essongné qu'ils attendoient le plus souuent, qui destournoit leurs desseins & les faisoit tousiours quitter la lice, de sorte qu'elle s'est conseruee si longuement en paix par le moyen de tous ces accidents heureux, où elle se pourra maintenir tandis que ceste egalité sera obseruee parmy eux, & qu'ils banniront de leurs esprits ces deux causes contagieuses pour le salut d'vn estat, à sçauoir la crainte & l'ambition, seuls effaicts de la guerre, & du trouble du repos public.

Si les forteresses en vn Estat luy sont commodes & necessaires.

CHAPITRE V.

Sçauoir si les forteresses sont vtiles en vn estat.

EN ce temps icy les forteresses sont si communes dans tous les païs, qu'il semble que les Princes & Roys ne se soient estudiez à autre chose pour leur cõseruation, qu'à cela: c'est pourquoy ie rechercheray par toutes les curiositez qu'il me sera possible si elles y sont tant vtiles qu'il leur est aduis. Premierement, il faut considerer quel est cest art de fortification en soy, & puis l'ayant cogneu, il faut veoir s'il est fondé sur de si bõs fondements, qu'il en faille auoir vne telle asseurance & telle confiance, que l'on l'a, pour la conseruation des villes & des Estats. Or pour res-

Faut noter quel est l'art de fortification.

Preuue cõme les forteresses sont inutiles.

pondre à ceste consideration, il faut aduouer qu'elle n'est point trop hors de doubte & difficulté, puis que l'experience nous monstre tous les iours que les matieres desquelles elles sont fabriquees, ne sont point inuincibles, ny inexpugnables, ains nous voyons discorder en cest art tous les professeurs de ceste science, les vns les voulans bastir pour la defence d'vne façon, les autres d'vne autre, & semblablement pour attaquer. Et à la fin toutes sont destruictes & bouleuersées par les nouuelles inuentions de batteries artificielles qu'on a inuenté, tellement qu'il semble que les despences faites pour ce subject soient inutiles, & de nul profit. Et supposons qu'elles soient en leur perfection de constructure, ce neantmoins ne sont-elles autre chose qu'vn corps sans ame, lesquelles ont

Les forteresses sont corps sans ame.

Qu'estce qui conserue les fortereſſes.

beſoing d'eſtre reanimees par de grandes gardes qui les conſeruent, autremét elles ſont pluſtoſt au profit des ennemis qu'à leur dommage, ce qui faict douter ſi elles ſont vtiles en vn Eſtat, ou nuiſibles. Ny moins peut on ſouſtenir que les fortereſſes bien conſeruees ayent de leur nature aſſez de force pour ſe deffendre de la priſe, & de mettre en ſeureté tout vn Eſtat, veu qu'elles pourront bien pour vn temps ſouſtenir la furie de leurs ennemis, mais à la fin ſi elles ne ſont ſecourues, il faut qu'elles cedent, ou par la force, ou par l'enuie, ou par la neceſſité, ce qu'il faut aduoüer par cõtrainte : de ſorte que ſi ce Prince a des forces & des armees ſuffiſantes pour ſa defence à la faueur de la cãpagne, elles ſont mieux baſtantes pour ſa cõſeruation, parce que lors que l'ennemy croit trouuer vne de-

Les forces d'vn Prince luy ſeruent plus à la campagne qu'aux forteresſes.

fence vn peu rude, il change son dessain, & n'entreprend pas legerement l'execution de son ambition, mesmement quand il se trouue de l'aduãtage aux situations des lieux, soit par le moyen de quelque montaigne ou vallon, ou de quelque riuiere qui rend l'entree difficile, & la sortie encore plus, ou si vn expert Capitaine commande, pour la defence du passage, il pourra facilement deffaire ses ennemis sans aucun danger. Où au contraire les forteresses n'asseurent jamais que le lieu où elles sont situees, & si elles sont en petit nombre dans vn grãd Estat, elles y seruent peu, si elles y sont en grand nombre elles retiennẽt pour les garder toutes les forces du païs, & laissent le reste du païs en proye à l'ennemy, & la personne mesme du Prince. Si elles sont petites & de peu d'estenduë, tant

Preuue pour monstrer l'incommodité des forteresses.

plus ſont elles ayſees à prendre, ſi elles ſont grandes, plus faut-il de gẽs de guerre occupez en leur conſeruation, leſquels deuroient eſtre employez pour le ſalut de tout le païs. Mais laiſſons ces conſiderations, & venons à vn autre terme& inconuenient qu'elles ne peuuent obuier, auec quel art & inuention ſe peuuent elles empeſcher des ſurpriſes qui viennent ſouuent par la negligence des ſoldats, ou par la perfidie & trahiſon des Capitaines qui y commandent? auquel cas tant plus que la fortereſſe eſt bonne, tant plus eſt elle dommageable au Prince, ayant l'ennemy logé à ſa porte, bien fourny & muny de toutes munitions neceſſaires pour ſe defendre. Et comme bien ſouuent la ſeureté de telles fortereſſes ne deſpend que des volontez & affections du peuple, qui deſireux de nouueauté

Les forteresses sont suiectes à trahison.

Combien vne forteresse nuit.

se portent à fauoriser vn Prince e-stranger, & liurer leur propre païs, & eux mesmes entre les mains de leurs ennemis, combien en tel cas est-il important au Prince d'auoir rendu ceste ville ou forteresse, capable de grande defense. Si la Rep. de Venise au temps de sa misere, eust eu autant de forteresses en son Estat cóme à present elle en a, peut-estre n'eust elle couru tant d'infortunes & de pertes qu'elle fits. Ie dis au contraire que si elles y eussent esté comme à present elles y sont, que ce feusse esté sa ruine totalle, car elle n'eust sçeu les reprendre & remettre en son premier estat si soudainement, & auec si peu de despense qu'elle fit. L'Estat de Milan tout de mesme, a esté si souuent pris des François, & si neantmoins ne l'ont iamais sçeu garder à cause qu'il n'y auoit point de forteresse. Ce qui

La Rep. de Venise pour n'auoir point de forteresses se remit soudainement en son entier.

Comme l'Estat de Milan pour n'auoir point de forteresse s'est cõserué.

La Duc d'Vrbain fit ietter en bas ses forteresses.

fut cause que le Duc d'Vrbain V-baldus Prince de grande prudence & experience à la guerre, ayant repris son estat qui luy auoit esté enuahy par le Duc Valentin, se resolut de ietter en bas toutes les forteresses qui y estoient, recognoissant qu'elles ne l'auoient sçeu garder & apres les auoir perdues, luy auoient donné beaucoup de peine à reprendre. Quand Charles huictiesme Roy de France allant à la conqueste du Royaume de Naples, passa par la Toscane, les forteresses que les florentins auoient faict faire pour leur tuition, furent la cause de leur ruyne: & outre ces grands maux qu'elles nous engendrét, elles en font encores naistre d'autres vn peu moindres, mais irreparables, comme sót les grandes despences à quoy elles obligent le Prince, tant pour leur fabricature, que pour l'entretene-

Quels maux apportent encor les forteresses.

ment des munitions qu'il y faut, qui bien souuẽt espuisent nos thresors, ce que la Rep. de Venise pouroit asseurer par experience, si elle vouloit, & si elles sont encore cause que nos Princes & nos Rois ne veillent pas si assiduellement à la conseruation de leur estat qu'ils feroient, s'ils n'auoient ceste refiance sur elles. C'est pourquoy les Lacedemoniens ne voulurẽt iamais que leur Cité fusse enuironnee de muraille, disant que cela diminueroit la valeur de leurs Citoyens, ausquels ils auoient plus d'asseurance qu'en leurs murailles. Ce que le Sage voulut donner à entendre lors qu'il dit que les murailles qui deuoient apporter de la seureté aux villes deuoient estre de fer, & non de pierres. Et vn certain de Sparte enquis par vn Citoyen d'Athenes, que c'est qui luy sembloit des murs d'Athe-

Les forteresses empeschent les Princes d'auoir du soin de leur Estat.

Pourquoy les Lacedemoniens ne voulurent fermer leur ville.

Dictum remarquable.

Responce remarquable d'vn Citoyẽ de Sparte, à vn d'Athenes.

nes, respondit qui luy sembloient bons & beaux pour vne Cité qui deuoit estre habitee par des femmes. Il aduient encore souuent que plusieurs Princes sur l'asseurance qu'ils ont de leurs forteresses, negligent de s'acquerir la bien-vueillance de leurs sujects qui est la vraye forteresse de leur estat & de leur personne, comme nous le voyons aux Estats de la Flãdre, que les guerres passees n'ont iamais sceu reduire sous leur vray Prince.

Les Romains auoient coustume apres auoir conquis quelque païs nouueaux, d'y enuoyer des nouueaux Citoyens pour y habiter, qu'ils appelloient Colonies des Romains, & les Venitiens à leur exemple enuoyerent en Candie de leur noblesse, qu'ils appelloient, nouuelles colonies, pour leur conseruer ces païs vaincus sous leur obeis-

Qu'estce que les Colonies que les Romains enuoierent.

sance & volonté. D'autres comme les Perses au lieu de forteresse rendoient vn grand pais de frontiere sterille & de nul raport, à fin que les armees de leurs ennemis, les venant attaquer, se desissent d'elles mesme par la famine, ce qui leur reüscit souuent contre les Empereurs des Ottomans. Par lesquelles choses il semble qu'il y ayc assez d'autres moyens pour se conseruer, que celuy des forteresses, dõt neãtmoins nous nous seruons pour le iourd'huy si coutumieremẽt à cause du grand profit qu'elles apportent à leur Princes, & à l'estat auquel elles sont basties & construites.

Inuention notable des Perses au lieu de forteresses.

Cest chose veritable que la nature nous a voulu mõstrer qu'il nous faloit fortifier contre les iniures de nos ennemis & ambitiõs de nos aduersaires, par ses œuures mesme, des

Preuue pour les forteresses.

montaignes, des vallons, des Rochers, des fleuues & autres situatiōs qu'elle à faict naistre pour soustenir les foibles contre l'oppression des plus forts, tellement que cest art de fortification, se peut dire auoir esté pris & imité de la nature, par ce qu'il faict son œuure à l'imitation d'icelle, & ameliorit souuent celuy de nature mesme, lequel encore qu'il ne soit fondé sur certains Principes comme les autres sciences, ne laisse pourtant d'estre conduict auec certaines raisons à la chose où il s'applique: duquel l'inuētion n'est rescente, car elle fut cogneue presque de toutes les nations Anciennes, des vnes mieux, & des autres moins selō la varieté & vicissitude des choses de ce temps là.

La nature nous monstre à nous fortifier.

Les Anciens auoiēt leurs forteresses & leurs machines de guerre pour attaquer, lesquelles ils appelloient du nom general, les tourments, & ceux desquels ils se seruoient pour battre les plus fortes places estoient appellees Belliers & plusieurs autres instruments qui ne faisoient guere moins d'effect que nos canons & artilleries: aussi lit-on que Scipion voulant assaillir quelque ville d'Espagne, ceux qui estoient assiegez, jettoient des engins par leurs murailles sur les ennemis pour les accrocher, & puis apres les mettre à mort. Et raconte-on que ce grand Archimedes auoit inuenté vne certaine subtilité pour la defence de Siracuse sa patrie, par le moyen de laquelle il faisoit esleuer tout entieremét vne gallere & la porter sur les murailles, & les Romains aussi furét sauuez des mains d'Annibal par le moyen de quelques petis Chasteaux qu'ils firent, lesquels arresterent Annibal beaucoup de temps,

Qu'estce que les tourmens des Romains

Qu'estce que les Beliers des Anciens.

Inuention d'Archimede pour esleuer vne galere en haut.

Comme les forteresses sont inuentees des Anciens.

ce qui exempta la Cité de Rome de la prise & captiuité, & finalement toutes nos histoires nous font voir clairement que cest vsage de forteresse n'est pas inuenté de maintenant, mais bien peut estre accreu & perfectionné, sans lequel les estats, les villes, & les Royaumes demeureroient en perpetuel danger, & comme à la discretion des ennemis, qui les surprendroient, au regret de leurs Princes & Rois, comme nous en auons veu les exemples souuentefois en nos derniers troubles de France, & d'autres païs comme des Venitiens lesquels ont par plusieurs fois perdu & reperdu le païs de Friul faute de forteresse pour le defendre, car de remettre, comme nous auons dict cy dessus, le salut de tout vn païs sur vne armee, cela me semble trop dommageable à l'estat, où s'il y a

L'inuention de forteresse est accreu de nostre temps.

Les forteresses conseruẽt nos estats.

des forteresses, elles l'asseurent & font que ceux qui desirent leur declarer la guerre, y pensent plusieurs fois auant que l'entreprẽdre, recognoissant que les choses seroient longues & dificiles, & l'esperance de la victoiré fort douteuse & incertaine, ce qui a causé peu de victoires aux Princes de ce temps, car ils consommoiẽt plus de temps à la prinse d'vne simple forteresse, que les Anciẽs ne faisoient à la conqueste d'vn Royaume.

Les forteres. empeschent les grandes victoires.

Que faudra-il donc conclure sur ceste diuersité de raisons? c'est vne regle tres generalle, *Que toutes les choses ne s'accommodent pas à toutes les choses*, & seroit en vain de rechercher en l'operation de nostre vie ciuile, ce qui est de soy simplement bon, mais diuerses choses reuscissent vtiles à diuerses fins, & à diuerses personnes, pourueu qu'elles

Regle generalle.

ſoient accommodees à la condition des temps, à la qualité des couſtumes, & à d'autres accidents particuliers. Par ainſi les meſmes formes de gouuernemēt ne couiennēt pas à tous Princes : mais bien diuerſes ſelon leur eſtat. Ceux qui ſont fort puiſſants, peuuēt ſ'aſſeurer ſur leurs armees, & ne leur eſt neceſſaire d'auoir beaucoup de forteresſes, ains ſeulement quelques vnes pour leur païs frontier : les moindres, ſe doiuent gouuerner auec vne autre regle, & ſont contraincts de ſe ſeruir de forteresſes, par ce que n'ayants pas les moyens de tenir vne armee perpetuelle ſur pied pour ſe conſeruer, reçoiuent ce bien là, par le moyen des forteresſes qu'ils ont, qui ſont ſeulement gardees de peu de ſoldats qui les rendent imprenables à quelque Prince que ce ſoit: Dont nous auons des exemples en

Quels ſont ceux qui ſe doiuent ſeruir des forteresſes.

nos

nos derniers temps, entre leſquels celuy de Malte eſt remarquable, laquelle eſtant aſſiegee par ce grand Soliman, fut ſoutenuë par ce petit nombre de Cheualiers Chreſtiens, qui contraignirent Soliman de leuer le ſiege, apres auoir faict perte d'vne bóne partie de ſes ſoldats. Ce à quoy prenant aduis ledit Empereur, en fit baſtir en pluſieurs lieux de ſes païs les plus lointains, & de ceux qu'il gaignoit en ſes victoires. Et faut que les Princes prennent ſeulement garde que les fortereſſes qu'ils ont deſir de faire baſtir, ſoient ſelon leurs forces & moyens, & ſelon la capacité de leur eſtat, car ſi elles couſtoient autant à faire que leur Royaume vaut, ce ſeroit au temps de la paix leur ruine pluſtoſt que leur ſuport, & faut en outre qu'ils conſiderent que le lieu où ils deſtinent leur fortereſſe ſoit aidé de

Malte aſſiegee par Soliman.

Solimã à l'imitation de Malte, fit baſtir pluſieurs fortereſſes.

A quoy il faut qu'vn Prince regarde pour baſtir des forteresses.

la nature, & ſur tout aduantageux pour le ſecours ne ſe trouuant aucune place quelle quelle ſoit, que le temps ne prenne, & ne ſe ſurmonte ſi elle n'eſt ſecouruë de ſes neceſſitez. Et ce qu'ils doiuent encore remarquer c'eſt la bonté de la terre par le moyen de laquelle ils ſe puiſſent fortifier, & donner des entrees & ſorties en diuers endroicts: toutes leſquelles choſes bien obſeruees rendront les fortereſſes vtiles & commodes à leur Prince & à leur eſtat. Mais quand elles ſont mal apliquees ſans iugement, à lors ce n'eſt la faute de l'œuure: Mais de celuy qui ne ſ'en ſçait vſer & ſeruir, & ſi elles n'apportent de la commodité, ce n'eſt plus la faute de la fortereſſe, mais de l'operateur.

Doncques par ces diſtinctions les premiers arguments contre les forteresſes ſont diſſouls & reſolus, & ne pourra-on meſpriſer l'art de fortification qui eſt d'autant plus perfectionné, que le temps & la ſaiſon l'a deſiré. Et quant à ce que i'ay dict qu'elles pourront eſtre trahies par leurs Capitaines qui y cómandét, la coulpe n'en prouient pas par la forteresſe, car quelles choſes y a-il tant ſainctes puiſſent elles eſtre en noſtre vie, qui ne ſe puiſsét chãger par la malice des hommes? Il n'y a que la ſeule vertu qui ioüiſſe de ce priuilege. Quát au regard de la Loy des Lacedemoniens qui ne vouloient que les villes feuſsét ceintes de murailles, il faut remarquer qu'ils eſtoient alors les plus puiſſants de leurs voiſins, & les plus craincts & reſpectez, mais que depuis qu'ils eurent la guerre contre les Perſes, & Macedoniens, ennemis eſgaux à leurs forces, ils ſe mirent en defenſe par bonnes fortifications aux

La vertu ſeule ne peut eſtre trahie.

Pourquoy les Lacedemoniens ne faiſoient murailler leur ville.

Pourquoy le Duc d'Vrbain fit abatre ses forteresses.

lieux où il se trouuoit le plus de facilité & d'auantage pour ce faire. Et le Duc d'Vrbain qui fit abatre ses forteresses, le fit peut-estre pour ce qu'il se recognoissoit trop foible Prince pour les entretenir en l'estat d'effensif: ainsi des autres objections l'on peut tirer des raisons selon la qualité du temps & des affaires. C'est pourquoy ie concluray ce Chapitre soustenant que les forteresses sont tres-vtiles en tout estat, & particulierement au moindre, & à celuy qui a plusieurs confins, & plusieurs voisins, par ce que l'vn a besoin de grande garde, & l'autre ne peut entretenir ordinairement des armees pour le preseruer contre ses ennemis, comme aujourd'huy font les Turcs, ny de rendre des parties de Prouinces desertes comme font les Perses, ny de faire des nouuelles colonies comme les Romains, ny les Venitiens qui le firent vne seule fois sous pretexte de se conseruer plustost vne isle contre les habitans d'icelle, que contre les estrangers.

Si le Conseil du Pape Leon dixiesme fut bon, d'inuoquer du secours de delà les monts pour chasser les estrangers de l'Italie.

CHAPITRE VI.

L'Italie auoit esté en guerre continuelle l'espace de trétecinq ans, lors que le Pape Leon en l'an de son Pontificat, commença à la soulager aucunement, mais pourtant les playes des maux passez restoient encore sanglantes, auec ce que deux des meilleurs membres de ceste Prouince, estoient encore entre les mains, &

Combiẽ l'Italie auoit esté en guerre quand le Pape Leon y mis la paix à la deuotion du Roy François, & de Charles quint, à sçauoir l'Estat de Milan au Roy, & le Royaume de Napples à Charles Quint, ce qui poussa le Pape Leon à implorer le secours de l'vn, pour chasser l'autre plus facilement, preuoyant que l'vn estant dehors, il supplanteroit aisément l'autre. Conseil aussi prudét que genereux & digne de loüáge, quant à l'intention, & non quád aux moyens de l'effectuer. Chasser les estrangers de l'Italie, estoit chose bonne, & beaucoup desirable, principalement à celuy qui y tenoit le premier rang comme Leon, mais pour cest effaict appeller les estrangers en son aide, estoit aussi fort hasarder le reste de l'estat. Toutesfois il y estoit contrainct par le peu de secours & de force, qu'il trouuoit aux Princes Italiens qui fatiguez grandement par les guerres qu'ils

Inuĕtion du Pape Leon, pour chasser les estrãgers d'Italie.

Le conseil de Leon estoit bon quant à l'intention, mais non quant á son moyen.

Pourquoy le Pape estoit contrainct de mandier le secours estranger.

auoient enduré, n'estoient bastants pour expulser leurs ennemis hors de leurs limites, ne l'ayant sceu faire au temps qu'ils estoient plus puissants, & les autres plus foibles. Et par la crainte qu'il auoit qu'à la fin ils ne se ligassent ensemble le Roy & Charles Quint, pour se rendre les maistres du reste de l'Italie, & du siege Romain, comme il estoit aduenu aux Venitiens, par la confederation de l'Empereur Maximilian, & du Roy Loys douziesme, ioint qu'il sçauoit bien qu'il s'estoit passé plusieurs choses où il s'estoit acquis la disgrace de l'vn & l'autre de ses ennemis, & particulierement des François, ausquels cet aduis & conseil estoient tenus fort odieux & suspects, tellement qu'ayant suject de craindre l'vnion de leur party, & de leurs volontez, il eust raisō de se lier d'amitié auec l'vn d'eux, pour l'aſſiſter contre la fortune de l'autre, & ſoulager ſon païs, & ſon peuple de ces guerres cruelles qui le tourmentoiēt, dés vn ſi long temps: ſuiuāt en cela ce que l'eſcriture ſaincte luy permettoit & commandoit, diſant, *qu'il falloit ſe vanger de ſes ennemis, auec ſes autres ennemis*, Ce qui finalemēt luy reüſcit fort heureuſemēt: car eſtāt aſſoſlié auec Charles Quint, contre les François ils reprinrent le Milannois, & annexerent les villes de Parme & Plaiſance à l'Egliſe, d'où elles auoient eſté enleuees & ſeparees, & ſans la mort du Pape euſſent chaſſé entieremēt les François de l'Italie: & Charles Quint apres, contre qui les François eſtoiēt ſi indignez, qu'ils l'euſſent rēdu compagnon de leur malheur & fortune. Et l'euſſent deſpoüillé par l'enuie & ialouſie qu'ils luy portoient de la

L'Eſcriture ſaincte nous permet de nous ſeruir de nos ennemis contre d'autres ennemis.

Comme le conſeil de Leon luy ſeruit.

possessiõ du Royaume de Napples. Donc le Conseil du Pape Leon estoit tres-sage de s'armer de la force de l'vn pour chasser l'autre. Neantmoins plusieurs l'ont blasmé, le taxant & l'accusant de legereté, & d'vne vaine esperance qui l'auoit porté de rechef à des guerres & seditions nouuelles. Et pour dire vray il y a plusieurs raisons qui retiennẽt en doute, sçauoir si l'õ le peut loüer de ceste action, ou blasmer, estant chose tres-asseuree que la guerre de soy apporte beaucoup de peine aux Princes, de perte au peuple, & d'incertitude à ses euenemens, ce qui la doit faire d'auantage apprehender par les Princes, & particulierement par vn Pape qui ne doit desirer que la paix, la douceur, la concorde, & bonne vnion entre les autres Princes Chrestiens. Et quant ils n'eusse voulu auoir égard qu'à son bien particulier, son païs la deuoit desirer apres tant de tourmens qu'il auoit souffert l'espace de trente cinq ans. Mais s'il auoit intention de deliurer de captiuité l'Italie, & chasser les estrangers dehors pour auoir la liberté, au moins deuoit-il rechercher des moyens plus propres pour cest effaict, que celuy de bannir les François de l'Italie, ce qui pouuoit preuoir impossible, par les anciennes experiences. Car les Romains n'eurent iamais plus de peine pour deliurer l'Italie des mains estrangeres que de celles des François qui les ont attaquez plusieurs fois, & mis en danger de leur totalle ruine, par ainsi ce n'estoit pas vn bon moyen que de chasser les François pour asseurer l'Italie, veu qu'estant les forces Fraçoises tousiours puissantes, à cause de la grandeur du Royaume, & tousiours preparees

Les Frãçois de tout tẽps ont esté craints des Romains.

pour seruir, l'Italie demeuroit exposee au danger perpetuel des guerres miserables : laquelle n'estoit encore vnie auec ses voisins, n'y en la supreme puissance & auctorité, qu'elle à eu du depuis, & les François de ce temps là estoient alliez auec la Repub. de Venise, fort renommee & fleurissante, & par consequent plus difficiles d'exiler sans rapel, & desir d'y retourner.

Quant aux forces de Charles Quint qui estoient grandes pour le secours du Pape, ie croy que tant plus qu'elles estoient puissantes, d'autant plus aspiroit-il au gain de la victoire, & se rendoit plus craint & redouté du Pape. Charles le Grand, Prince de singuliere vertu, deliura l'Italie du ioug de seruitude des Barbares Septentrionaux, en chassant les Lombards qui par l'espace de trois cens ans auoiét tenu

Acte de Charles le Grand genereux au profit des Italiens.

ceſt Empire: mais il ſe l'appropria, & le donna à ſon fils nommé Pepinus Roy.

Par ainſi il me ſemble auec raiſon, que la condition des Italiens, par leur victoire ſ'empiroit & ſ'expoſoit en de plus grands dangers qu'elle n'eſtoit, lors que ces deux Princes de meſme force & valeur, ſe contrarioient, & n'oſoient rien entreprendre pour la crainte qu'ils auoient l'vn de l'autre. Et euſt eſté plus expedient que le Pape par ſa neutralité les euſt entretenus en ceſte crainte, que d'en rechercher l'vn pour en chaſſer l'autre, car c'eſt vne regle generalle en forme d'Eſtat, qu'il ne ſe faut iamais lier d'amitié auec vn Prince plus puiſſant que ſoy, quant l'on traicte de ſ'agrandir par telle confederation (ſinon en grande neceſſité): mais à Leon ceſte neceſſité ny eſtoit pas, pour l'vr-

Le Cõſeil du Pape Leon reprouué.

Maxime generale d'Eſtat.

genter à sortir d'vn peu de paix où il estoit, pour se plonger en vn goufre d'amitiez & confederations, beaucoup pernicieuses, auec vn Prince redouté par ses forces, cupide de gloire, & ambitieux de grandeur, qui pretẽdoit les mesmes choses que luy. Doncques sur ces raisons ie concluray par mon opinion qu'vn si noble & magnifique edifice, tel qu'estoit celuy de la proposition & dessein du Pape Leon, touchant la deliurance d'Italie de la seruitude & domination des estrãgers, n'estoit pas fondé sur les fondemẽts d'vne prudente ratiocination, & solide iugement, puis que par le moyẽ de l'inimitié Frãçoise qu'il s'aqueroit par le secours qu'il auoit inuoqué de Charles Quint, il rendoit sa fortune cõme egale à tout euenemẽt de la guerre, cõme l'ont témoigné les choses arriuees du depuis

Pourquoy le Conseil de Leon n'estoit pas vtile.

par l'emprisonnemét du Pape Clement, & par les menaces de seruitude dót l'Empereur Charles Quint a depuis menacé toute l'Italie.

Si le Conseil de l'Empereur Charles Quint & de ses Capitaines fut bon, de ne point abandonner Viennes, encore que Soliman la vinsse aßieger auec vne puissante armee.

CHAPITRE VII.

Charles Quint & Soliman ennemis.

CEVX qui ont eu la cognoissance de ceste histoire, & des forces & valeurs de l'vn & de l'autre de ces deux Princes redoutez Charles Quint, & Soliman, se sont estonnez comme Charles Quint auec son armee ne se resolut de quitter les murs de Viennes, & aller au deuant de Soliman pour luy donner bataille, veu qu'il luy estoit difficile (quoy que puissant il fusse) d'auoir tousiours sur pied vne si grosse armee que celle qu'il auoit faict par toutes sortes de moyens & d'inuentions, & au contraire fort facile aux Turcs qui ne sont forts qu'en la quantité d'hommes d'harmes, qu'ils ont tousiours entretenus pour mettre en execution tous leurs desseins, pouuant bien iuger que tandis qu'il souffriroit ceste armee de Soliman en son entier, & en son voisinage, que la ville de Viennes, & toutes les autres Citez d'Hõgrie couroient risque d'estre prises par la patience & par le temps, qui reduit ordinairement les forces des Princes à leurs derniere fin & incõmodités, lesquelles il eut ressenty, si la mort de Soliman ne luy eust esté fauorable par la faute qu'il auoit commis de n'auoir presenté le combat à ses ennemis : qui ne luy pouuoit apporter qu'vne bonne il-

Raison qui esmouuoit Charles Quint à dõner bataille à Soliman.

ſuë, attendu que le Ciel fauoriſe touſiours le zele de la religiõ Chreſtienne comme il ſe voit par pluſieurs exemples lors que les Princes de l'Europpe denoncerent la guerre au Sarazins pour recuperer la terre Saincte, comme ils firent à pluſieurs Citez de l'Aſie. Mais ce ne ſont pas là les ſeuls exemples pour prouuer que Charles Quint deuoit courir au deuant de Soliman & luy denoncer la guerre dans ſon pays meſme, ains qui va ſe rememorant les hiſtoires des entrepriſes des plus grands Capitaines, il cognoiſtra par icelles que le meilleur conſeil en tel cas, eſt d'aller attaquer ſon ennemy dans ſon païs, & ne l'attendre iamais en la propre maiſon: car qui va attaquer les ennemis à leurs portes, il encourage ſes ſoldats, & eſtonne ſes aduerſaires & leurs apporte toute ſorte d'ennuy & de danger,

L'vtilité que pouuoit eſperer Charles Quint, d'aller attaquer Solimã.

danger: Mais qui se resoult à la defensiue, & à soustenir seulement l'effort qu'on luy prepare, il rend son ennemy plus hardy contre luy-mesme, plus fort & plus insolent, il met ses sujects au desespoir à cause des incõmoditez & pertes qu'ils reçoiuẽt, tant pour l'entretenemẽt de leurs gens ordinaires, que pour les larrecins qu'on leur faict. Outre que s'il arriue quelque chose aduerse dans l'estat, tandis que l'ennemy y est, tout le reste de l'estat demeure au peril & danger de la fortune. Et à ce propos ie vous diray pour la confirmation de mon discours vn exemple du grãd Capitaine Cyrus, qui destournant le dessein d'vn Roy nommé Ciaxarus, qu'il auoit de se camper en son païs pour attẽdre les Assiriens ses ennemis pour les y faire attaquer dans leurs propres terres & confins, luy remon-

L'incommodité d'attendre ses ennemis.

Exemple de Cyrus.

ſtrant l'aduantage qu'il auoit en cela fut cauſe qu'auec peu de gens il defit vn grand nombre d'ennemis. Ce fut auſſi touſiours le Conſeil de Iulles Ceſar (vray maiſtre de la guerre) de preuenir touſiours ſes ennemis, & venant au iour de la bataille, d'eſtre touſiours l'agreſſeur, dont il taxa grandement vne fois Pompee par ce qu'il auoit failly en ceſte maniere.

Maxime de Ceſar qu'il faut attaquer le premier ſes ennemis.

Blaſme de Ceſar à Pompee.

Les Romains eſtant aduertis que Annibal les venoit attaquer, le preuindrent & l'alerent rechercher, encore qu'ils euſſent pour defenſe les Monts, comme ils firent encores Aſdrubal ſon frere. Ainſi deuoit faire l'armee imperialle, non pas ſ'amuſer à attendre ſon ennemy comme elle fit, qui fut cauſe de ſa ruine: car depuis Soliman ne deſiſta iamais de la protection priſe du Roy Eſtienne pupille, mais deman-

Les Romains preuindrent Annibal & Aſdrubal.

Charles Quint deuoit attaquer Solimã.

da vn tribut sus l'Austrie. Quant à la difficulté des passages, elle n'en pouuoit trouuer, ains au contraire de l'aduantage pour elle, & du d'esaduātage pour l'armee Turquesque qui estoit cōposee presque entierement de Cauallerie, & le lieu estoit fort montueux, & eussent conserué par ce moyen les deux Prouinces de la maison d'Austrie son patrimoine à sçauoir Corinthe, & la Sirie, lesquelles estant abandōnees, demeurerēt à la deuotiō des Turcs. Mais tenir vne grosse armee auec tant d'apareil d'artillerie & autres munitions de guerre pour garder vne ville seule bien fermee de murailles, & qui auoit autrefois soustenu plusieurs rencontres des Turcs, qu'estoit-ce autre chose, que confirmer la hardiesse aux Turcs de leur entreprise, & faire voir que l'armee des Chrestiens cedoit à celle des

Turcs. Neantmoins qui se representera l'estat des affaires de l'Empire de ce temps là, peut-estre excusera il le conseil & la resolution de l'Empereur, de ne point sortir de deuant les murs de Viennes & du Danube. Car d'entrer en doute que cest Empire des Turcs ne soit plus puissant que celuy de l'Empereur, c'est vne chose qui nous est trop manifeste, de sorte que de vouloir vser de remedes violāts, pour se conseruer contre luy, c'eust esté plustost se mettre en danger de s'exterminer entierement, que de se conseruer. Les Princes Chrestiēs n'ont pour cest heure leur forces de guerres si bien disciplinees, ordonnees & payees que les Turcs, & comme autres-fois les ont eu les Romains. D'où vient qu'ils ne se peuuent venir promptement & assembler en corps d'armee, à cause qu'ils ne sont

Les Turcs sont puissāts en armees.

D'où vient que les Princes Chrestiēs ne se peuuēt armer si prōptement que les Turcs.

en perpetuel exercice de la guerre comme les Turcs, & lors qu'ils sont contraincts d'amasser leurs secours, il faut qu'ils l'empruntent en partie des soldats estrangers qu'ils achettent fort cherement, ce qui est cause qu'ils ne peuuent beaucoup gagner sur le Turc, lequel est tousjours preparé pour combatre, de sorte qu'il estoit mal-aisé à l'Empereur Charles Quint de l'aller attaquer en son païs pour le preuenir, car il estoit desia arriué à Bellegrade auant qu'il fusse armé. Mais supposons que ledit Empereur fusse en estat fort & puissant & capable de pouuoir aller chercher Soliman en son païs, quel profit en pouuoit-il esperer ? car ou il deuoit attaquer vne bonne place, où vne mauuaise, s'il s'adressoit à vne mauuaise, quel honneur en eust il remporté, ny moins quelle cõmodité d'auoir pris vne place qu'on luy pouuoit reprédre du iour au lendemain : si aussi la place eust esté forte, combien eust il employé de temps pour la gagner, & s'il ne l'eusse prise en quel danger exposoit-il son armee? ne fut-il ja contrainct d'abandonner Modon & Coron deux villes de Turquie qu'il auoit enuahy sur le Turc, recognoissant ne les pouuoir maintenir contre vne si grande force. Les Espagnols auec ceux de l'Empire : n'ont il pas souuent faict des entreprises contre l'Afrique, qui leur ont reusci, & neantmoins qui possede maintenant ce qu'ils gaignent si cherement, & auec tant de labeur? La ligue faicte contre les Turcs en l'an mil cinq cens trente sept, en laquelle l'Empereur mesme Charles Quint estoit entreuenu, ne print elle pas ceste place si forte de Castelneuf : mais

Comme les places prises sur les Turcs sont dificiles à conseruer.

combien de temps s'est elle conseruee à nous, quoy qu'elle fusse bien gardee? ainsi donc l'experience de ces choses nous mõstre que le conseil d'aller attaquer Soliman en son païs n'estoit point à propos ny vtile pour Charles Quint: car c'est vne regle generalle en l'art militaire (qu'il faut que celuy qui se resoult d'aller assaillir son ennemy en son païs soit plus fort que luy, en force, ou au moins égal) mais en ce cas icy qui ne voit de combiẽ estoit moindre l'armee imperiale à celle des Turcs.

Regle generalle en l'art militaire.

Soliman conduisoit vne armee de cent quarante mille combattans enuieillis & accoustumez aux victoires sans l'apareil de l'artillerie, & autres munitions necessaires, lesquels deuoient combatre deuant les yeux de leur Seigneur, Prince fort heureux & valheureux pour le salut du-

De combien d'hõme estoit cõposée l'armee de Soliman.

quel cõbatans il leur estoit promis par leurs loix à ceux qui perdroient la vie, vne eternelle recompense au Ciel. Maintenant au contraire l'armee imperialle estoit beaucoup inferieure à celle-cy, ny ayant point plus de quatre vingts mille hommes, dont il y en auoit trente mille de Cauallerie, tous ambitieux les vns contre les autres, sçauoir les Espagnols & Italiens, contre les Thudesques & Allemans, tellemẽt que le succez heureux de ceste bataille ne pouuoit tomber du costé de l'Empereur: Ioinct que la situation des lieux où ils auoient à cõbatre estoit du tout à l'aduantage des Turcs qui estoient forts puissans en Cauallerie, ce que recognoissant les Capitaines de l'Armee imperiale prindrent resolution de les attendre proche Viennes, & le Danube, à la faueur de leur infanterie diuisee

De combien estoit composee l'armee de Charles Quint.

en deux escadrons, & la Cauallerie au milieu, tellement que tout le corps de leur armee, se pouuoit embrasser, soustenu puis apres de leur artillerie, estimant receuoir moins de perte comme cela, qu'à vne bataille donnee au païs des ennemis. Quand aux exemples que i'ay prealleguez des Romains, de Cirus & autres qui rechercherent leurs ennemis en leurs portes, il n'ont point de lieu pour ce subiect, par ce que les regles generalles ne seruent pas tousiours pour bien operer, & principalement aux guerres subiectes à tant de changements.

Les Maximes ne sont pas tousiours vtiles.

Lors que ce grand Capitaine Marius fut enuoyé par les Romains combatre les Cymbres, qui estoient entrez en l'Italie, qui fut vne guerre aussi cruelle & importante que les Romains en ayent eu iamais, ne

Conduitte remarquable de Marius.

voulut permettre (quoy que par plusieurs fois il en eusse l'occasion) de donner la bataille auec son ennemy, sinon qu'apres auoir accoustumé son armee plusieurs mois aux fatigues & disciplines de la guerre, & sur tout à voir leurs ennemis, & les auoir surmonté en legeres escarmouches prise à leurs aduantage. Et si Cesar se seruit de son Axiome, *de preuenir son ennemy*, il faut remarquer qu'il commandoit à vne vieille armee bien experimentee & éprouuee en plusieurs entreprises qu'il auoit faict auec elle. Ainsi ces choses se peuuent considerer diuersement comme les iugemens des hommes sont diuers & differends; & les choses aussi qui n'ont point de fondement asseuré, & qui se laissent aller à tous les accidens diuers, comme au conseil des affaires de la guerre se considerent de mesme façon, mais la plus certaine verité en ce subject est que les forces, les esperances, & les craintes, demeuroient égalles entre ses deux Empires, de sorte que de pouuoir voir asseuremét lequel eust eu le plus d'aduantage en donnant la bataille, n'estoit pas à la cognoissance humaine. En l'vne & l'autre armee estoit la fleur des plus belliqueuses nations du Leuant & du Ponant, grand nombre de soldats, excellans Capitaines, Princes de rare vertu & singuliere valeur, s'il y en a eu au temps de l'antiquité & sous la conduicte desquels auoient reuscy de grandes victoires, grandes recompences, grandes incommoditez, gloire immortelle, vergongne perpetuelle, esperances tres-hautes, craintes & aprehentions de grands maux estoient des deux costez, selon les diuers succez d'vne telle bataille. D'où l'on ne se doit esmerueiller si elle ne s'ensuiuit point, & moins en blasmer le Conseil de l'Empereur qui sçauoit que c'est vne chose approuuee du commun consentement de tous les hommes, que où les partis sont douteux, & difficiles, il conuient plustost incliner vers celuy qui retire l'execution du faict duquel il agit, que vers celuy qui y pousse, le repentir estant trop tard apres la chose faicte, ou estant les choses en leur entier, l'on peut prendre vn nouueau conseil, suyuant vne nouuelle occasion.

Reo semper cauendum est.

Apres la chose faicte, le repentir est inutile.

FIN.

TABLE

DES POINCTS PLVS REMARQVABLES contenus en ce Liure.

A

R.

FIN.

Extraict du Priuilege du Roy.

PAr lettres patentes du Roy donnees à Paris, le vingt-sixiesme iour de Mars 1611. Il est permis à Pierre Loys Feburier, d'imprimer ou faire imprimer vn liure intitulé *Preceptes d'Estat, tiré des Histoires anciennes, pour instruire les Cheualiers François à leur art. Faict par le sieur de Villars la Faye Gentil-homme Bourguignon.* Et defences sont faictes à tous Libraires & Imprimeurs de cestuy nostre Royaume, & autres qu'il appartiendra, d'imprimer ou faire imprimer ledict liure, ou partie d'iceluy, mesme d'en faire aucuns extraicts pour inserer és autres liures pour quelque subiect ou pretexte que ce soit, sans le congé & consentement dudict Feurier, pendant le temps & terme de six ans entiers finis & accomplis, à conter du iour que ledict liure sera acheué d'imprimer pour la premiere fois, à peine d'amende arbitraire: Et de confiscation des exemplaires qui se trouueront auoir esté contrefaicts, ainsi que plus à plein est contenu esdictes lettres du Priuilege.

Signées par le Conseil,

Extrait du Privilege du Roy.

www.ingramcontent.com/pod-product-compliance
Ingram Content Group UK Ltd.
Pitfield, Milton Keynes, MK11 3LW, UK
UKHW020307230726
13925UKWH00001B/266

9 782016 190005